# as 5 faces do PERDÃO

ROSSANDRO KLINJEY

# as 5 faces do PERDÃO

letramais

# As Cinco Faces do Perdão
Copyright© Intelítera Editora

Editores: *Luiz Saegusa* e *Claudia Zaneti Saegusa*
Direção Editorial: *Claudia Zaneti Saegusa*
Capa: *Casa de Ideias*
Projeto Gráfico e Diagramação: *Casa de Ideias*
Fotografia de Capa: *Shutterstock - Aleshyn_Andrei*
Revisão: *Rosemarie Giudilli*
Finalização: *Mauro Bufano*
17ª Edição: *2024*
Impressão: *Lis Gráfica e Editora*

letramais

Rua Lucrécia Maciel, 39 - Vila Guarani
CEP 04314-130 - São Paulo - SP
(11) 2369-5377   (11) 93235-5505
letramaiseditora.com.br - facebook.com/letramaiseditora

**Dados Internacionais de Catalogação na Publicação (CIP)**
**(Câmara Brasileira do Livro, SP, Brasil)**

Klinjey, Rossandro
   As cinco faces do perdão / Rossandro Klinjey. --
1. ed. -- São Paulo : Intelítera Editora, 2016.

   1. Autoajuda 2. Perdão 3. Perdão - Aspectos psicológicos I. Título.

16-06024                                    CDD-158.2

**Índices para catálogo sistemático:**
1. Perdão : Desenvolvimento pessoal : Psicologia aplicada 158.2

**ISBN: 978-85-63808-68-4**

# Sumário

Introdução ................................................................ 09

Perdoando a pessoa mais difícil: você .............................. 15

Mariposa ou luz .......................................................... 59

As pessoas mais difíceis de perdoar: as que deveriam nos amar e não o fizeram ......................................... 87

Perdoando Deus ........................................................ 117

Sempre feche a porta ................................................. 137

Conclusão ................................................................ 167

*A todos(as) os(as) pacientes que me permitiram ser, em suas vidas, como um beija-flor a coletar não o mel, mas o fel de suas dores. Fel que os testemunhei transformarem, na usina da vida, em mel da experiência, da superação e do perdão...*

Protasov AN | Shutterstock

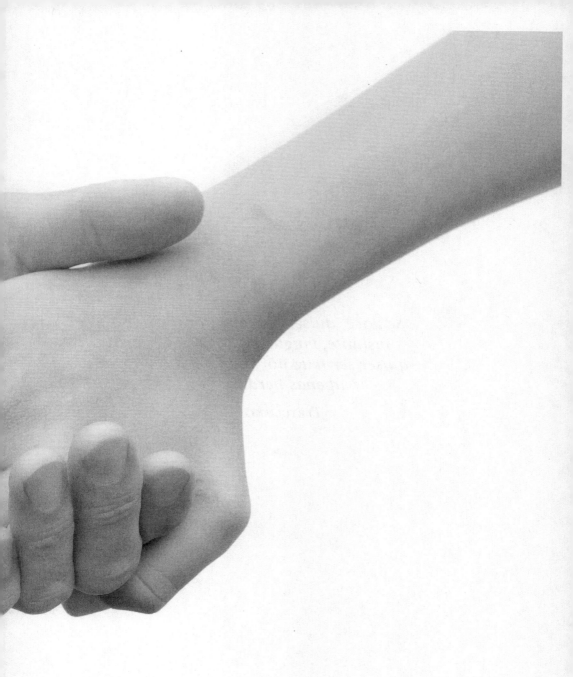

# Introdução

" *Se você quiser ser feliz por um instante, vingue-se. Mas se quiser ser feliz por toda a vida, apenas perdoe.* "

Tertuliano

\* \* \*

Por todos os séculos, onde quer que se encontrasse o homem, ele sempre estaria cercado de diferenças. Tantas e tão avassaladoras que exigiriam dele, a cada instante, a capacidade de superar sua visão exclusivista de mundo, para contemplar no outro a alteridade que o constitui, pois somos o que somos, como resultado da diferença que nos instiga, que nos perturba e nos obriga cotidianamente à superação.

É porque somos crianças e não adultos, que queremos crescer e superar a ilusão de querer continuar a enxergar um mundo maniqueísta, preto e branco; de acreditar que só num lado da moeda está toda a jogada e toda a explicação do universo. Estamos aqui para ficarmos juntos, para estar todos e unos. Se sofrermos, e com certeza sofremos, é porque negamos em nós o outro, este ser que é tão essencial na construção de nós mesmos.

Todas as religiões, todos os credos e muitas das filosofias, que se construíram ao longo de nosso percurso humano, convocam-nos à solidariedade, ao resgate, ao *religare*, sempre apontado como percurso para outro lado, para um mundo melhor, um céu, uma necessidade de fraternidade e de reencontro com Deus, por meio do coração do próximo.

Há uma saudação oriental *namasté* que nos diz: "O deus que está em mim saúda o deus que está em você". Nela encontra-se uma verdade universal. Todos os seres que foram criados por Deus são células de um mesmo corpo, gotas de um mesmo oceano que só se dimensionam e se engrandecem quando uno.

Quantas vezes nos perguntamos por que o homem crê há tanto tempo em Deus, mas continua cruel, belicoso, destrutivo? Isso acontece, porque o culto ao personalismo, que não inclui a necessidade do reencontro com o próximo, jamais nos recolocará diante do altar da divindade. Deus nos solicita o exercício incessante da tolerância, da fraternidade. Convoca-nos a sermos para o outro, assim como o bom samaritano, nas palavras do Cristo, foi para o homem caído, ou seja, movido de íntima compaixão.

Se não levantarmos o próximo, jamais sairemos do chão. Se não iluminarmos o caminho dos que nos cercam, jamais sairemos das trevas. Se nós não ajudarmos os viajores do universo, jamais subiremos um único degrau na escala da evolução que nos aguarda.

Mas, se existem entraves profundos nesse reencontro com o outro, eles são ocasionados pela mágoa, pelo ressentimento e pelo ódio. É aí que o perdão se coloca por imperativo, para a liberdade do "eu", aprisionado pelas paixões do ódio, que é fruto da imaturidade e da não aceitação da condição do outro e de suas diferenças e limites.

Eu os convido a uma viagem. Nela faremos cinco paradas e adentraremos a vida de cinco personagens que nos possibilitarão penetrar em seus segredos mais íntimos, permitindo-nos conhecer as cinco faces do perdão e seu poder, como evento libertador de dores avassaladoras. Em cada uma dessas histórias encontraremos arquétipos das dores humanas, que podem e devem ser superadas pelo exercício da mais complexa e libertadora das emoções humanas, o Perdão.

wavebreakmedia | Shutterstock

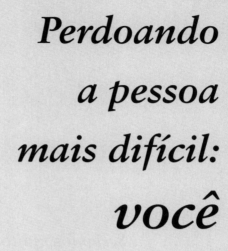

*Perdoando a pessoa mais difícil:*
***você***

*"Seríamos muito melhores
se não quiséssemos
ser tão bons."*
SIGMUND FREUD

* * *

— Nem nos meus piores pesadelos eu imaginei uma vida tão medíocre como essa. Pode acreditar!

Foi assim que Marcos, um funcionário de escritório de contabilidade empresarial, começou seu papo no cafezinho com seu colega de trabalho, Flávio.

— Eu tinha tudo pra ser "o cara" hoje, você me entende? E agora trabalho nessa porcaria de escritório, que nem meu é! E todo dia tenho que dizer: — Sim, Senhor. Deseja algo mais? Isso com uma vontade de mandar aquele idiota para o inferno, que é de onde ele nunca deveria ter saído. Esse João Alberto é a pessoa mais nojenta que eu já conheci em toda minha vida. Se eu soubesse que terminaria minha vida trabalhando para um crápula como esse! Sei não, Deus sabe o que faz, ou melhor, será que sabe mesmo? Porque não foi essa vida que combinei com Ele em minhas orações, não. Não! Pedi outra coisa bem diferente. Estou já indo para o PROCON processá-lo por propaganda enganosa.

Com uma voz desdenhosa e em tom bastante sarcástico, Marcos começou a recitar Mateus 11,28: "Vinde a mim, todos os que estais cansados e oprimidos, e eu vos aliviarei". Em seguida, olhando pela janela do escritório em direção ao céu nublado de São Paulo, gritou:

– É isso que você chama de alívio? Trabalhar para um escroque feito João Alberto? – Ainda irônico continuou. – Ah! Como eu poderia esquecer? Já tem uma resposta para isso. Claro! "Amai os vossos inimigos", está em Mateus, não é, Flávio?

– Sim, Marcos. Mateus, no capítulo cinco, versículo quarenta e quatro.

– Ah! O bom Flávio sabe tudo de cor. Continuou ele com sarcasmo. Que bonitinho, o filho que toda mãe queria ter: honesto, obediente, bom moço. Não faz mal nem a uma formiga e ainda tem essa cara de serenidade que me irrita. Você também é muito chato, sabia?

Flávio, com cordialidade e amabilidade que lhe era peculiar, respondeu serenamente:

– Não, Marcos, eu não sou um chato. Na verdade, você não vai conseguir me irritar, pois esse seu sarcasmo, ironia e ódio não são endereçados a mim, por isso eu estou apenas ouvindo seu desabafo como tenho feito ao longo desses anos em que trabalhamos juntos.

Diante da polidez do amigo, Marcos disse:

– Tem razão, me desculpe. O alvo não é você. É esse crápula do João Alberto.

Foi, então, que Flávio o surpreendeu.

– Não, amigo. Esse ódio é contra você mesmo.

Surpreso e meio irritado, Marcos questionou:

– Contra mim! Como assim?

– Sim, contra você – prosseguiu Flávio. – Nem é contra mim, nem contra João Alberto, nem muito menos contra Deus. Sua raiva é de você mesmo.

– Você está ficando maluco, ou o quê? Você sempre ficou calado me escutando, pedindo paciência e resignação e agora que você resolve deixar de lado um rosário de frases clichês, dessas que as pessoas postam no *Facebook* e no *Instagram*, cheias de anjinhos, vem me atacar e dizer que eu estou com raiva de mim mesmo. É isso que estou entendendo?

– É isso sim. Você combinou com Deus outra vida, mas o que você fez para alcançá-la? Ficou só rezando? Ah! Desculpa. Esqueci que você não reza!

– Ei! O irônico dessa sala sou eu! Quem é você? Cadê meu amigo Flávio?

E colocando a mão na testa de Flávio, fechando os olhos e fingindo fervor religioso, disse em tom de brincadeira:

– Sobe que este corpo não te pertence!

Quando abriu os olhos, Flávio estava olhando fixamente para ele sem ter achado graça nenhuma.

Então, tirou a mão da testa do amigo e olhando seriamente para ele, disse:

– Vem cá, cadê aquele cara doce e compreensivo, sempre com uma frase pronta, uma citação bíblica e tal?

– Estou aqui. Com toda a minha humanidade tenho que lhe dizer da forma mais doce possível algumas coisas: primeiro, gostaria de dizer que você apenas quis uma vida melhor que essa, mas nada fez para alcançá-la, então não culpe os outros nem Deus pelo que você não alcançou. Quanto ao nosso chefe, João Alberto, certamente concordo com você, não é uma pessoa de bem.

– Pessoa de bem! Lá vem você com seu tom politicamente correto. Esse cara é um escroque mesmo. Não consigo nem dizer o que acho dele. Tenho nojo desse safado...

Com um gesto de técnico pedindo tempo, Flávio continuou:

– Deixa eu falar, homem! Repetindo: Primeiro, João Alberto certamente não é uma pessoa do bem, mas é nosso chefe porque estudou mais, é mais qualificado. É competente, não vamos negar, então deixa de ser invejoso! Segundo, Deus não faz a nossa parte e a Dele, entendeu? Quer mais da vida? Então, invista mais, e pare de reclamar feito um menino mimado que não passou de ano e ainda tem a ousadia de reclamar por não ter ganhado o smartphone que pediu, ok? Terceiro, você quer a vida pessoal do João Alberto? Uma esposa que o trai, um filho viciado em drogas e tudo mais, hein? Seu problema é que você só enxerga o que não tem, e isso é ridículo! Se você ampliasse um pouquinho só sua visão de mundo, veria as coisas maravilhosas que já tem na vida e não ficaria achando que a felicidade do mundo é ser o diretor geral num escritório de contabilidade. Cara, isso aqui é só o lugar onde trabalhamos, cumprimos um papel e levamos para as nossas famílias o suficiente para vivermos dignamente. É lá que tudo faz sentido. Abra seu coração e veja a vida que você tem, cara!

– Deixa ver se eu entendi – disse Marcos olhando fixamente para Flávio, com voz pausada e não menos irônica. – A vida de infeliz que eu tenho hoje é culpa minha. Isso tudo porque eu fechei um contrato com Deus sem olhar direito, e Ele, naquela cláusula bem escondidinha, com letrinha de receita de Rivotril, me fez assinar um acordo no qual eu, "livre e espontaneamente", determinei que no futuro iria trabalhar nessa droga de empresa e tendo por chefe o infeliz do João Alberto. É isso mesmo? Você tá ficando maluco ou o quê? – concluiu em tom áspero.

– Bem. Eu disse o que penso, mas você distorce minhas palavras do modo que lhe convém. Afinal, a gente escuta o que quer e o que pode escutar. Pelo jeito, você não tem ainda capacidade de escutar a verdade, então continue acreditando em sua tese de vítima que aliás você sustenta há...

Olhou para cima como quem tenta recuperar a memória e com a mão no queixo, Flávio continuou:

– Deixe me ver, há no mínimo uns quinze anos. Desde, então, sua vida é essa "droga", como diz você, por causa do João Alberto. E o que você fez em todos esses anos para mudar tudo isso? Nada! Apenas reclama de uma realidade que você não tenta mudar. Enquanto isso, tem uma família linda que, pelo jeito, você nem lembra, pois nunca vim aqui à copa para tomar café com você para ouvir como estava sendo o crescimento de suas filhas, as palavras novas que elas aprendiam enquanto cresciam, os primeiros passos que davam. Enfim, todo um universo de criança que vai se desenrolando à nossa frente e nos encanta. Hoje, Beatriz já é uma adolescente e você pouco fala de sua família, cara! Para não ser injusto, acho que você falou por uns 30 segundos de cada uma dessas coisas, mas todo o resto do cafezinho é dedicado a ele. E fazendo uma voz de apresentador de programa de auditório disse:

– Senhoras e senhores, com vocês, ele! O homem que Deus mandou especialmente para tornar a vida de Marcos uma droga e que todos os dias ocupa o IBOPE da vida de Marcos, aplausos para ele "Joãooooo Albertooooo"!!! Em seguida, Flávio aplaudia e olhava com sorriso irônico para Marcos. E concluiu dizendo:

– Amigo, levar todos os dias esse homem em sua mente para sua casa é uma escolha sua, não da vida. Sua vida não se resume a isto, e se essa realidade lhe faz tão infeliz, deixe de ser criança, pare de reclamar e corra atrás de algo melhor!

Marcos ainda estava chocado com aquele Flávio que ele não conhecia até então. Sempre confundiu a gentileza do amigo com fraqueza e omissão. Estava ainda digerindo, portanto, o que acabara de ouvir, quando voltou à sua ideia fixa de que era infeliz. Voltou a ruminar seus pensamentos de infelicidade, lembrando um trecho de uma música de Gonzaguinha: "São tantas coisinhas miúdas / Roendo, comendo / Arrasando aos poucos / Com o nosso ideal". Mas, apesar de sua rejeição às palavras de Flávio, intimamente, aquilo tinha mexido com ele. De tudo que foi dito, uma frase estava ecoando dentro dele, insistentemente: "Você tem raiva de você..."

Antes de terminar o expediente, Marcos estava triste, pois já não conseguia suportar aquela realidade. Não! Definitivamente ele não era, nem de longe, aquilo que ele havia planejado para si mesmo. Ele podia ser mais, ter mais, ser mais respeitado, cortejado, solicitado. No entanto, era apenas o Marcos do setor de contabilidade. Tão somente isso, o que era pouco, do muito que ele havia planejado para si mesmo.

Naquele fim de tarde e início de noite, Marcos, mais uma vez estava indo para casa. Desligou seu computador, pegou sua pasta. Apagou as luzes, fechou o escritório e seguiu pelo corredor até o elevador, feito um zumbi. Quando a porta se abriu, ele olhou rapidamente para todos os que estavam dentro do elevador, enquanto todos olharam para ele. Nesse momento, sentiu-se como se todos ali fossem as testemunhas de seu fracasso.

Ele estava tão triste naquele dia, que só conseguiu ver no rosto daquelas pessoas um bando de frustrados, cansados de ser somente aquilo que estava escrito nos crachás que ainda portavam no pescoço: fulano do setor tal, cicrana da empresa tal, beltrano da recepção. Era como se todos fossem formiguinhas cujas identidades estivessem apenas na função que, aliás, para ele era insignificante. Aquelas pessoas eram somente o que faziam e nada mais que isso. Marcos era um deles, "um qualquer". Era assim que se via naquele fim de dia.

De repente, ele se lembrou de quando se formou em economia. Quantos planos... E ele tinha vários. O mundo estava apenas o esperando acontecer, ser o tal, ser o cara.

– Agora, eu quero ver quem me segura – pensava ele à época. – Farei um concurso para o Banco Central e depois de uma carreira brilhante no órgão, pedirei demissão e abrirei uma consultoria financeira. Com o tempo, serei matéria da Revista Exame, Época Negócios, do Jornal Valor Econômico. Vez por outra, vou ser entrevistado pelos telejornais para opinar sobre a última ata do COPOM (Comitê de Políticas Monetárias), ou sobre o impacto da oscilação do dólar na economia. Quem sabe, até serei colunista de economia de um grande jornal do país, o próximo Alexandre Schwartsman do pedaço.

Lembrou-se do porre que tomou com os amigos para comemorar o início de uma vida de vitórias. Seus olhos brilhavam vislumbrando o futuro. O carro incrível que teria, uma casa de revista. Viagens pelo mundo, respeito dos amigos, admiração dos familiares e a inveja dos que não conseguiriam chegar até onde ele chegaria. Era como se antevisse um pódio à sua frente, e ele subindo até o topo... De repente, o elevador chegou ao térreo. A porta abriu, as "formiguinhas" saíram e ele acordou de suas lembranças dizendo para si mesmo:

– É no térreo o meu lugar, não adianta esperar outra coisa.

Foi até o estacionamento, entrou no carro e saiu pelo mesmo caminho de sempre.

Ele estava triste consigo mesmo. Sobre ele, naquele dia em especial, pesava um fardo imenso. Tudo era a constatação da incompetência. Seu carro popular basicão, sua camisa do Brás, sem marca, sem corte, seu relógio "falsie" da Galeria Pajé. – Tudo em mim é uma farsa – pensou com os olhos fixos no trânsito lento do fim de tarde chuvoso de São Paulo. Sentia-se derrotado. Achava que sempre tinha feito as escolhas erradas.

– Eu sou um completo idiota. Isso é o que sou – pensou. – Como pude ser tão imbecil, tão estúpido!

Todos os adjetivos negativos pareciam pouco para defini-lo ou para dar nome à sua sensação de decepção consigo mesmo.

Ele se deu conta, naquele instante, que já fazia tempo que essa sensação de insatisfação tomava conta dele. Era assim que se via, um derrotado, por opção, escolha e incompetência.

Os planos de subir na vida eram muitos. O que faria quando chegasse lá, ele sabia de cor: como se vestir, que restaurantes frequentar, que amigos ter, que livros ler, até os gestos dos vencedores, enfim... Tinha tudo em sua mente. Cometeu apenas um erro: não se preparou para uma vida simples e por isso não soube se comportar como um cidadão comum cujos gestos, amigos e roupas não poderiam ser previstos de forma tão meticulosa. Uma vida simples, sem a pauta das etiquetas.

Ele tinha se preparado para voltar para sua casa nos Jardins, decorada com poltronas Philippe Starck, relaxar após um dia de trabalho no seu escritório luxuoso na Marginal Pinheiros, fazendo um *happy hour* com os amigos para depois encontrar seu "personal" na academia. Terminar a noite em casa, com sua bela esposa e filhas. Bem, pelo menos a bela esposa e filhas era verdade, mas não! Essa conquista ele não computava em sua mente, que só via fracasso.

– Isso é que é vida! Isso é que é ser gente – continuou em sua viagem mental.

Era como se os vencedores vivessem num mundo cheio de glamour, e as pessoas simples num caos desafortunado, sujo e barulhento da periferia.

Marcos não se perdoava. O que ele era estava muito, muito distante do que almejava ser.

Ele se odiava por ser Marcos do setor de contabilidade. Odiava-se por ser ele mesmo e não o sonho. Odiava a realidade, porque era distante demais da fantasia. Mas, o pior de tudo isso é que Marcos não era o único que se sentia assim.

* * *

Pode parecer para alguns que sucesso ou insucesso seja fruto do azar ou de mistérios imponderáveis. Mas, a verdade é que as pessoas que não alcançam sucesso em suas vidas acreditam, ingenuamente, que as conquistas ocorram sem qualquer falha, sem qualquer culpa e sem qualquer erro. A realidade, no entanto, é que a história de todas as pessoas que alcançaram sucesso em algum setor da vida é cheia de erros e tropeços e, finalmente, após suportarem os revezes e corrigirem os erros, é que elas vencem.

Para desenvolver tal competência emocional de suportar as frustrações, elas assumem as culpas, mas não se fixam na culpa, trocam esse sentimento pela responsabilidade, evitando, assim, os mesmos passos da próxima vez.

Essa responsabilidade diante dos erros não é, no entanto, a atitude de grande parte das pessoas. Comumente elas olham para todos que, de algum modo, elas acreditam que foram responsáveis pelo seu insucesso, e imediatamente começam a culpar essas pessoas. E quando não conseguem encontrar um bode expiatório para os seus erros, elas não desistem de se eximir de sua responsabilidade, então optam pelo clássico da fuga: culpam os pais, as circunstâncias e até mesmo o destino.

Inacreditavelmente, existem pessoas que chegam mesmo ao ponto de institucionalizar o ato de culpar os outros. E não é difícil reconhecer alguém assim, pois elas costumam ter uma lista enorme de desculpas, um grande número de pessoas que acusam por seus próprios fracassos. Ironicamente, o maior fracasso dessas pessoas vem do fato de nunca assumirem seu próprio fracasso.

Mas, ser assim não é um estado imutável, contra o qual não podemos lutar para modificar. Afinal, nossas vidas são sempre, invariavelmente, uma resposta direta à maneira como tratamos a nós mesmos, o quanto nos respeitamos ou não, somos ou não tolerantes conosco e o quanto nos socorremos diante dos erros e não nos acuamos. Absolutamente, tudo o que temos em nossas vidas é uma manifestação de como nós nos tratamos, não como resultado da forma como alguém nos tratou ou do mal que nos fizeram. O que isso quer dizer? Somos a forma como reagimos às dores e aos traumas, e não vítimas irrecuperáveis das ações externas. Acreditar que somos vítimas pode até ser confortável, mas não leva a lugar nenhum.

Essa verdade é de tal modo irrefutável que, independentemente do quanto culpamos os outros, isso não mudará em absolutamente nada nossas vidas. É preciso ressignificar a importância dos outros e do passado e internalizar a responsabilidade por nossas escolhas e resultados – o que representa uma nova maneira de pensar e agir sobre a própria vida, atitude sem a qual nunca mudaremos.

É preciso abandonar uma visão fatalista do mundo segundo a qual nossos traumas psicológicos infantis moldam nosso comportamento e emoções para o resto da vida, visto que acreditar nisso revela uma atitude altamente determinista para a condição humana. É como se nossas ações nos dias de hoje, como adultos, não tivessem força alguma de reverter e ressignificar o passado, e fôssemos vítimas inconscientes, presas num círculo vicioso no qual nossa criança interior sempre vence e faz cair o adulto que somos, quase como uma predestinação. Esse discurso equivocado sobre traumas e seus impactos na vida adulta termina por incentivar as pessoas a se verem apenas como vítimas da vida familiar e não como agentes que determinam suas próprias vidas. Esta espécie de renúncia à autodeterminação nos leva a abrir mão, absurdamente, da condição de ser um humano adulto, com suas características de autonomia moral, maturidade emocional e responsabilidade pessoal.

Mas, como essas crenças limitantes são construídas? Muitos de nós, ao longo de nossas vidas, projetamos no futuro, em algum lugar quimérico, um outro de nós mesmos, um clone. Esse, sim, feliz e vitorioso, orgulhoso de ser quem é.

Os anos vão passando e, quanto mais avançamos, mais esse clone se distancia e nunca o alcançamos. Um dia, olhamos para nós mesmos e nos estranhamos, pois só tínhamos olhos para esse "eu mesmo do futuro", esse clone dos desejos, inatingível. É exatamente quando constatamos essa impossibilidade de sermos o sonho, que nos culpamos pesadamente, simplesmente, por sermos quem somos.

– Como é que pode? Que incompetência a minha de ser eu mesmo!

Algumas teorias psicológicas afirmam que todos nós temos um eu real (o que somos agora) e um eu ideal (aquele que gostaríamos de ser). Existe uma distância natural entre esse "eu real" e o "eu ideal", sendo a infelicidade o sentimento de incapacidade de transformar o eu real no ideal, ou ao menos de ter uma proximidade maior entre eles.

Nada mais natural que tenhamos um alvo, uma meta. O problema é quando essa meta se torna inalcançável.

Além disso, existem pessoas que têm expectativas a nosso respeito, sempre altas. O complicado é quando achamos que temos que cumpri-las uma a uma, acreditando nas metas que os outros estabelecem para nós, e que eles mesmos não alcançam. Às vezes, são nossos pais que tentam, através de nós, uma compensação de suas frustrações pessoais; às vezes, nossos amigos que esperam que a gente abra o caminho. Enfim, não faltam expectativas e expectadores, o problema é que quando não cumprimos o script, achamos que falhamos.

É claro que não podemos prescindir da opinião dos outros e seguirmos apenas os nossos planos, como se vivêssemos sozinhos. Somos sim, em grande medida, o resultado da expectativa dos outros. Somos gregários por natureza e, por isso, os outros também fazem parte de nossos planos. O poeta Fernando Pessoa, ao falar de si mesmo, afirmou: "Eu sou algo entre aquilo que eu quis ser e o que quiseram fazer de mim". Somos o intermédio dessas duas forças: nós e os outros.

Mas, o que deve ser repensado em nossas vidas é até onde vai essa interferência alheia em nosso projeto pessoal, até onde ela é salutar ou prejudicial.

Muitas vezes, as pessoas simplesmente não acreditam em você e, ao se deixar levar por isso, você já estará derrotado. Outras vezes, esperam muito, e quando você não alcança a meta, sente-se incapaz.

Devemos repensar também as metas que estabelecemos para nós mesmos, até porque, como já dizia o famoso psiquiatra francês Philippe Pinel: "Sonhamos para realizar desejos, mas precisamos acordar para realizar sonhos".

Acordar significa, entre outras coisas, ser realista, ter os pés no chão, uma vez que só podemos ser algo mais do que somos se, primeiro, aceitarmos quem somos.

Se ser você é motivo de uma total decepção, fica difícil traçar planos de mudança. Afinal, alguém tão decepcionante assim não teria força nenhuma para mudar a si mesmo, pois se tivesse já o teria feito.

Voltemos ao eu ideal e ao eu real e nos perguntemos: Estou próximo do meu ideal? Quem estabeleceu esse ideal fui eu mesmo? Até que ponto meus sonhos são meus?

Hoje, confundimos nossos desejos com nossas reais necessidades. Nem tudo que queremos é o que precisamos. Mas, o que nos faz acreditar que para sermos felizes conosco mesmos precisamos realizar todos os nossos desejos?

Como se não bastasse as grandes expectativas que nós e os outros criamos, no mundo atual, outra força, muito mais poderosa e exigente, se somou às demais para nos impor o cumprimento de muitos "papéis" por vezes inconciliáveis. Essa força é a mídia.

Lembre-se da propaganda: "Não basta ser pai, tem que participar". A mídia dita nosso papel de pai, ou seja, nossa vida é reduzida a um slogan e as famílias têm que demonstrar a felicidade de um comercial de margarina. O problema é que nossa humanidade "limitada" não é o suficiente para agradar, nem a nós nem aos outros.

São muitas as exigências sobre nós. Temos que ser bons pais e mães, provedores por excelência de todos os desejos de nossos filhos (desde o último modelo de celular, aquele tênis que, de tão caro, parece até que vem com direção hidráulica e airbag); temos que ser compreensivos e tolerantes com nossos filhos, sabendo ouvi-los e tendo sempre a resposta às suas inquietações, muitas das quais são também as nossas; temos de passar para eles uma autoconfiança, que muitas vezes nem temos. Ouvir suas confissões sexuais que nos deixam em pânico, e fazer de conta que está tudo bem, enfim, participar.

Ah! E temos que ser, não se esqueça, bons amantes. Mesmo com toda carga de stress que ronda nossas vidas, temos que ter a competência de levar a nossa parceira ou parceiro à loucura, subir no teto. Atingir o ponto G, H, I, J, enfim, um alfabeto de pontos orgásticos.

Mas, não para por aí. Temos que ser um sucesso profissional. Subir a qualquer preço. Ter todos os MBA's possíveis. Inclusive MBA em "gestão de negócios realizados nas conversas fortuitas nos estacionamentos das empresas". Possuir vários cartões de crédito com limite alto, cheques mais que especiais. Carrões importados, mesmo que financiados em vários meses. Precisamos diferenciarmo-nos usando aquela roupa de marca que todos os nossos amigos usam, ficando assim iguais a eles, nos destacando da plebe que frequenta a Rua 25 de Março. Ir ao clube, não para relaxar, mas sim para, mais uma vez, passar recibo de nosso status. Jogar tênis, squash, golf, afinal é chique, de preferência, usando a camisa oficial de *Roger Federer* ou boné de *Tiger Woods*.

E não se esqueça! Temos que ser bons cristãos. Como? Não se sabe! Até porque para atingir muitos dos itens anteriores, como sucesso profissional a qualquer preço, temos que abrir mão de muitos, quando não de todos os preceitos cristãos. Mas o importante é parecer ser. Entrar nas igrejas e templos chamando a todos de "irmãos", aderir às "religiões" sem converter nossas atitudes num plano ético transcendente.

Agora, voltemos à mídia. Já parou para observar que, para a televisão, nosso corpo é uma massinha de modelar? Que podemos e devemos nos transformar para sermos gostosos(as) e felizes? As exigências são inúmeras, mas as promessas de solução também. Você já viu aquelas propagandas demoradas, daqueles produtos que lhe transformam do dia para noite? E os depoimentos?

– Minha vida era triste. Eu não saía com vergonha de mim mesma. Ir para o clube era uma tortura, pois não conseguia trocar a roupa na frente de minhas amigas. Quando eu me olhava no espelho ficava triste. Mas, quando eu passei a usar o "Body-Bobagem" minha vida mudou. Minha autoestima voltou e agora eu saio. Até minha vida sexual melhorou, não tenho mais vergonha de mim.

Veja o quanto um simples "Body-Bobagem" pode fazer por nós. Recuperar a autoestima e até melhorar a vida sexual. Afinal, não é feitiçaria, é tecnologia.

E essa busca pelo corpo ideal é escravizante. Pesquisas feitas nos Estados Unidos revelam que uma mulher começa a desenvolver alguns sintomas depressivos ao folhear, após cerca de dezoito minutos, uma revista de moda numa sala de espera de um consultório. Afinal, as revistas de moda são as revistas do "Eu Não Tenho". Eu não tenho essa boca, não tenho essa barriga, não tenho essas pernas, nem esses cabelos, não moro numa casa assim, não passo minhas férias numa ilha ou num resort desses, e para terminar de destruir a autoestima de qualquer mulher, a constatação mais cruel: eu não tenho um marido ou um namorado desses! Enfim, é a revista da constatação de sua incompetência de não ser e não ter nada daquilo. Mas, quem foi que disse que temos que ser aquilo que a mídia impõe por modelo de felicidade?

Perceberam? Nossos desejos não são nossos, e mesmo assim queremos alcançá-los, a ponto de nos sentirmos infelizes, mesmo quando temos motivos claros para sermos felizes.

Apesar de todas essas exigências do mundo sobre nós, não podemos ficar paranoicos achando que são exigências descabidas. No fim das contas, eu até acho que o mundo exige pouco de nós. Na verdade, se formos observar, a vida exige de nós apenas cinco coisas: seja um rico como Bill Gates, o criador da *Microsoft* ou como J. K. Rowling, escritora britânica, autora de sete livros da famosa e premiada série Harry Potter; inteligente como Albert Einstein ou Marie Curie, cientista polonesa que foi a primeira pessoa a ser laureada duas vezes com um Prêmio Nobel de Física; bonito feito Brad Pitt ou bonita igual Angelina Jolie, poderoso como o presidente dos Estados Unidos, finalmente, bom como Mahatma Gandhi ou Madre Teresa de Calcutá. Está vendo como é pouco?!!

* * *

Assim dá para entender por que Marcos não se perdoava. Porque ele não chegou a ser 10% disso tudo. Marcos era do setor de contabilidade. Um pai de família, igual a muitos outros, um marido que levava pão para casa, almoçava com toda a família no fim de semana, seguindo um rito programado, feito um computador que segue uma rotina.

No caminho até sua casa ele passou em frente à USP e lembrou do primeiro dia de aula e de seu colega de classe, Flávio, com o qual tinha tido uma conversa áspera e pensou: "Ele deve estar certo... Nunca fiz nada para mudar. Poxa vida, 15 anos falando do mesmo cara, como eu sou estúpido".

Como seria bom se, a partir dessas reflexões, Marcos acordasse. Mas, nossa realidade íntima não muda tão rápido. Ele e sua mente elaboraram uma saída, criando novo ciclo de fuga, evitando assim a real solução dos problemas de sua vida.

Como é comum nas mentes infantis, ele encontrou um culpado, ou melhor, uma culpada para sua "vidinha medíocre", com objetivo inconsciente de aliviar sua responsabilidade por seu suposto fracasso. Marcos iniciou um novo ciclo de fuga e começou a ruminar no seu íntimo:

– A culpa foi toda dela. Agora eu entendi. Eu tinha tudo para dar certo, era jovem, cheio de possibilidades, com todo um futuro pela frente, e ela veio com essa bomba: "Eu estou grávida!". Lembrou quando sua namorada de faculdade, então, sua esposa, falou da gravidez. Continuou sua ruminação interior. – Que droga... Mal a gente tinha começado a namorar, veio a bomba, gravidez. Desde então, comecei a pagar contas, contas e mais contas... Não tinha como dar certo...

– Eu deveria ter feito o que a maioria dos caras fazem: tirar o time de campo ou... – ele pensou que deveria ter sugerido o aborto, mas lembrou o quanto amava a filha e rapidamente reprimiu esse pensamento, mas continuou em sua tese de que sua esposa na verdade era a responsável pelo início de todo seu fracasso.

E assim, como alguém que não deseja acordar para se responsabilizar pela própria vida, Marcos encontrou novo bode expiatório, nova pessoa para culpar: sua esposa. Esse pensamento prenunciava que aquele seria um dia ainda cheio de conflitos e tensões.

\* \* \*

É impressionante como a maioria das pessoas são incapazes de compreender a ligação entre o que desejam e o que merecem. Merecemos proporcionalmente ao esforço que fazemos, as competências que desenvolvemos e como conectamos todos esses elementos com nosso objetivo final. Além disso, o esforço e a competência precisam de tempo para que possam se desenvolver continuamente. E isso não é fácil. A resposta condicionada mais facilmente percebida, então, é culpar os outros ou as circunstâncias, nas situações nas quais os resultados não correspondem às nossas expectativas.

Quando você culpa os outros, está na realidade desistindo do seu poder de mudar a realidade que lhe cerca. Assumir a responsabilidade pelos resultados de suas escolhas é o primeiro passo para mudar o contexto, de tal modo que o tempo que gastamos em culpar os outros é um completo e total desperdício.

A maioria dos que buscam culpados não tiveram sucesso do jeito que desejavam. São grandes idealizadores, mas não conseguem transformar seus desejos em metas e resultados. Muitos não sabem ao certo o que fazer e quando sabem, não constroem em si as competências adequadas, esperando que os outros façam por ele ou mesmo o destino faça o que deveria ser tarefa pessoal e intransferível. Como não suportam essa realidade sobre si mesmos, de que estejam agindo com incompetência, usam sua forte imaginação para distorcer a realidade com o objetivo de "salvar" seu caráter ou reputação.

No fundo, mesmo que inconscientemente, pessoas assim acreditam que aceitar a responsabilidade pessoal do insucesso, em vez de culpar os outros, afetaria muito a autoimagem de competente que imaginam ter. Eles simplesmente não suportam a dor de uma queda nesse autoconceito fantasioso, por isso é que se sentem amplamente aliviados ao culpar os outros.

\* \* \*

Marcos estava a duas quadras de sua casa. Ângela, sua esposa, o aguardava.

Ângela sempre foi uma mulher linda e encantadora. Na faculdade, muitos homens disputavam sua atenção, contudo foi a alegria e a espontaneidade de Marcos que a encantaram. Ele não era o mais rico nem o mais bonito, mas a alegria e o entusiasmo que apresentava contagiavam quem chegasse perto.

No momento, Ângela era professora de educação infantil da Prefeitura de São Paulo, e extremamente dedicada ao que fazia, imbuída de profunda crença na Educação. Tinha orgulho enorme da diferença que fazia na vida dos seus alunos. Muitos deles chegavam à terceira série sem saber ler ainda, à custa da omissão de muitas de suas colegas que davam uma aula medíocre. Ela recebia esses alunos desmotivados e não alfabetizados e fazia a sua parte. Conquistava os alunos e, sobretudo os pais, que pensavam que os filhos fossem incapazes de aprender. Ao fim de cada ano letivo, recebia cartinhas das crianças e dos pais para que fosse a professora do quarto ano. Uma mãe, certa feita, disse chorando: "Professora Ângela, você me fez acreditar no meu filho, você me fez acreditar na educação. Eu saí de uma das faxinas que fazia para ajudar ele nas tarefas, porque você me convenceu da importância dos pais participarem da vida escolar dos filhos. Só Deus pra lhe pagar o bem que a senhora faz na vida dessas crianças". Depoimentos como esse eram o maior salário na vida de Ângela.

Na condição de professora dedicada, Ângela chegava no horário, preparava sua aula com esmero e tinha amor pelas crianças, e por isso era hostilizada por alguns colegas de trabalho, sem comprometimento com a Educação. Na função de mãe, não era diferente. A primeira filha, Beatriz, já com quinze anos, estava se preparando para o ENEM. Na escola, todos sabiam que ela poderia fazer o curso que quisesse que teria êxito, e ela sonhava com jornalismo. O pai dizia que ela deveria fazer um curso que desse dinheiro, medicina, por exemplo, mas a mãe dizia que ela faria o curso que movesse seu coração. A filha mais nova, Maria Clara, tinha sete anos e era apaixonada pelo pai. Era a primeira a recebê-lo quando chegava a casa, pulando em seus braços, eufórica para contar como tinha sido o dia na escola.

Após enfrentar um engarrafamento infernal, uma imensa fila na padaria e tudo mais, Marcos abriu a porta de casa, e foi Maria Clara, sua caçulinha, quem correu para os seus braços com imenso sorriso a lhe dizer:

– Que saudade, papai!

– Minha filha, papai tá cansado hoje. Outra hora você me fala como foi na escola. Colocou Maria Clara no chão num gesto incomum que chamou a atenção de Ângela.

– Está tudo bem? – perguntou ela com as mãos abertas, gesto que ele conhecia e que queria dizer: – Qual é a tua? Por que você tratou a menina desse jeito?

– Quer que eu diga o texto de sempre ou a verdade? – disse em tom ríspido e com a fisionomia enfurecida.

Percebendo que ele estava de cabeça quente e que se continuasse a conversa iria rolar uma DR na frente das filhas, Ângela mudou de assunto.

– Meninas, vamos jantar logo, pois quero vocês duas cedo na cama hoje.

– Mas, mãe, hoje é sexta – disse Beatriz.

– Eu quero vocês hoje cedo na cama, entendeu? – disse Ângela, pausadamente. Beatriz entendeu que pelo tom de voz da mãe não adiantaria discutir muito o assunto.

Após um jantar em que Marcos respondia de forma monossilábica, as filhas e Ângela o observavam em silêncio. As meninas foram cada uma para o seu quarto, e Ângela começou a recolher a mesa, com ajuda de Marcos que colocava rispidamente os pratos na pia, fazendo barulho.

– Ok, Marcos! O que é que está acontecendo?

– Nada! Não está acontecendo nada. Vamos lavar os pratos e seguir nossa rotina, afinal são quinze anos assim, por que mudaria hoje? – disse, em tom irônico.

– O que foi? Seu chefe lhe encheu o saco hoje, e você vai descontar em nós?

– Pois é... Você quer saber a verdade? A verdade é que esse tempo todo eu sou aporrinhado por esse idiota e só hoje entendi por quê. Descobri finalmente por que não faço nada, não mando ele "para o quinto dos infernos". E sabe por quê?

Ângela ficou calada e espantada com aquelas atitudes que não eram comuns no comportamento de Marcos.

– Porque não posso. Porque tenho uma família. Aliás, há quinze anos não tenho como decidir, pois sou pai de família, preso a um monte de contas e compromissos que me obrigam a ter que aturar, até o fim dos tempos, o infeliz do João Alberto.

– Espere aí. Deixa eu ver se estou entendendo. Hoje, depois de quinze anos tendo João Alberto como seu alvo preferencial, seu bode expiatório, você acordou, quer dizer, não acordou, mudou de alvo, e agora os

*Perdoando a pessoa mais difícil: você* 41

responsáveis por suas frustrações profissionais são as pessoas de sua família? É isso que estou entendendo?

– Não, na verdade a culpa é sua!

– Minha?! Você surtou ou tá tirando onda com a minha cara? – Ângela não acreditava no que estava ouvindo.

– Você tinha que ficar grávida? Não podia esperar eu fazer um *trainee* numa multinacional ou estudar para o concurso do Banco Central que aconteceu no ano seguinte? Você sabia o quanto eu queria aquele concurso. Mas não... Tive que arrumar o primeiro emprego que surgiu pra gente poder casar e sustentar nossa filha. Como eu poderia trabalhar e estudar para o concurso? Desde então, estou preso naquele inferno!

A essa altura, as lágrimas caiam soltas no rosto de Ângela, que não conseguia acreditar no que estava ouvindo. E Marcos continuou.

– Bem, já que eu tive que trabalhar, ao menos contava que você, com seu currículo fantástico, fosse continuar estudando para a carreira acadêmica, fazer mestrado e doutorado que, vale lembrar, eram seus planos. Mas não! O que aconteceu? Seu idealismo barato lhe fez ter pena das "pobres crianças da periferia" de São Paulo.

Ele disse "pobres crianças" com voz desdenhosa e satírica. E continuou:

– Então, qual sua ideia brilhante depois de seu estágio numa escola pública de Heliópolis? Ser professora lá, para resgatar a galera. A Madre Teresa fez concurso e foi ensinar na periferia. Que lindo! Você sabe a diferença de seu projeto para o meu? Quase nenhum. O nome é até parecido. Eu sonhava em morar em Higienópolis, e não realizei meu sonho, e você ensinar em Heliópolis, e você realizou seu sonho. Parabéns "santa" Ângela! E por isso estamos aqui no meio dessa classe mediazinha medíocre, que só tem dinheiro pra pagar as contas e olhe lá.

E continuou impiedoso e indiferente às lágrimas de Ângela:

– Você tinha que insistir em ser professora de escola pública, com todo o potencial que tem? Que droga, você deveria ser uma pesquisadora top da USP. Você não imagina o quanto é constrangedor para mim quando tenho que responder à pergunta: O que sua esposa faz? Para responder eu tenho que dourar a pílula, dizer que você é uma pessoa devotada à Educação, que dedica sua vida a ajudar os mais humildes a terem uma oportunidade – falou isso em tom bem irônico. – Mas, no fundo, todo mundo entende que você é uma professorinha de criança catarrenta da periferia de São Paulo, um bando de filhos de migrantes do norte que não vão aprender porcaria nenhuma e vão terminar assaltando a gente nos engarrafamentos dessa droga de cidade. Grande contribuição a sua à Educação desse país. Deveria ganhar a medalha Paulo Freire.

– Como é que você tem coragem de dizer tudo isso? De me desqualificar como mulher, enquanto professora. Você fingiu esse tempo todo? Eu sei que você não é feliz no seu trabalho, mas quando chegava em casa você sempre ficava bem, poxa. Afinal, a maior parte dos seres humanos trabalham em lugares hostis, mas não ficam sequestrados por isso, presos. E a maioria não realiza os sonhos de faculdade.

– Você é imbecil ou se faz. Será que você não está entendendo que eu tô me lixando pra vida da maioria, que eu sempre sonhei com uma vida excepcional, e o pior, é que eu tinha todas as condições para isso. Fui aluno brilhante, fiz dois PIBICs. Já estava encaixando um MBA na FGV e me matriculando num cursinho para o Banco Central, quando você jogou uma ducha de água fria em tudo isso – Marcos disse aos berros e com as mãos para o alto.

A essa altura, Beatriz já estava no quarto da irmã e as duas choravam juntas. Ângela, por alguns segundos, processava aquilo tudo, ainda custando a acreditar que aquele homem gritando na cozinha, totalmente descompensado, era seu marido. Após uma pausa, em que um filme passou pela sua cabeça, ela finalmente disse:

– Então, hoje é o dia da verdade. Pois bem, ouça toda a verdade. Você é um idiota completo. Acusar a mim por você não ser o grande economista que sonhou já é, em si, uma loucura, mas justificar que foi minha gravidez que, *heellloooo*, não foi responsabilidade só minha, lembra?! Que acarretou tudo isso e ainda gritar para suas filhas ouvirem essa barbaridade é inadmissível. Sabe, Marcos? Eu sonhei que um dia você iria acordar. Que iria acabar com sua ladainha de todos os dias, a de falar do João Alberto. São quinze anos ouvindo a mesma história. Você culpa, ou melhor, culpava ele por tudo, agora tô vendo que o alvo mudou, sou eu. Mas você, pobre vítima, nunca tem culpa de nada.

– Não coloque minhas filhas no assunto.

– Como não, foi você quem colocou. Infelizmente, nossas filhas não puderam escolher os pais que têm, elas não têm culpa das escolhas que fizemos ou do modo que agimos.

– OK! Eu amo minhas filhas e não me arrependo delas terem vindo ao mundo. Elas são a melhor coisa da minha vida. Só estou dizendo que você poderia ter adiado um pouco. Um ano só, poxa, um ano.

– E você acha que é simples assim? Que a vida tem um botão de *pause* e de *play*?

– Pois é, mas ao menos você poderia ter ajudado mais. Eu tentei te estimular a fazer um curso, vender produtos de revista, que você ganharia muito mais do que ser professorinha de escola pública!

– Sua capacidade de fazer uma pessoa se sentir melhor é simplesmente inexistente. Como você sabe, eu cresci em um ambiente emocional terrível, testemunhando meus pais num constante conflito, que marcou minha vida desde o tempo em que posso lembrar. Os sinais de abuso verbal do meu pai para com minha mãe eram claros. Constantes críticas, insultos, menosprezos, tentativas de fazê-la se sentir inútil e impotente. Mas, como tudo tem um lado positivo, isso mudou minha percepção do que é aceitável em um relacionamento, e o que você está fazendo hoje definitivamente NÃO É ACEITÁVEL – disse aos berros.

– Eu sou uma mulher bonita, jovem, educada e uma pessoa admirável, e você não vai me convencer do contrário, por isso não pense que vou tolerar que nosso casamento fique tóxico pela sua amargura. Não vou ser igual à minha mãe, que passou a vida tentando sair do casamento infeliz com meu pai e terminou morrendo de câncer.

– Eu já aguentei uma barra pesada no nosso casamento e superei, lembra? Eu tenho sentimentos por você, mas você hoje matou alguns deles.

– Lá vem você com o passado.

– Sim, você me obriga a fazer isso. Afinal, você sempre se diz vítima do destino. Mas, deixe te lembrar, porque você só recorda a cena, mas não o que se passou na minha cabeça e no meu coração. Naquele dia, que eu peguei a mensagem no *WhatsApp*, e você não teve mais como negar que tinha transado com Amanda, só aí você me contou a verdade. Aquelas palavras que saíam da sua boca confirmando tudo me atingiam de forma tão lacerante e dolorosa, que eu fingia mentalmente que estava acontecendo com outra pessoa, para ver se podia suportar. Eu fiquei olhando para o quadro que tinha no nosso quarto, para aquela paisagem marinha, fingindo que estava lá na praia, que estava tudo bem. Mas, não estava. Naquele dia, você me jogou num calabouço afetivo e ainda queria que eu ficasse bem, que superasse logo, afinal você tinha "sido sincero". Sincero, coisa nenhuma! Se eu não tivesse visto a mensagem estaria levando chifre até hoje. Sua inacessibilidade à minha dor doeu mais que a traição em si. Foi quando eu tomei uma decisão. Eu ficaria com você apenas o tempo suficiente para nossas filhas crescerem, pois não queria que elas sofressem, pois achei que nunca mais eu conseguiria te olhar nos olhos, dormir ao seu lado, sentir suas mãos me tocando. Durante muito tempo, toda vez que eu olhava para você eu não via o homem por quem havia me apaixonado. Foi um deserto que atravessei sozinha, mas o meu tempo de cicatrização me permitiu ter mais compaixão pelos outros, inclusive por você, e finalmente você voltou a ser o homem que eu conheci. Você me reconquistou e sei que não me traiu mais, que foi um vacilo, e decidi sinceramente te perdoar e viver nossa vida a partir daquele ponto. Você voltou a ser aquele esposo carinhoso e amante vigoroso. E isso não mudou desde então, é por isso que eu não estou entendendo seu discurso agora.

A essa altura, Ângela se sentou no chão da cozinha e começou a chorar compulsivamente.

Marcos começou a perceber o estrago que tinha feito e tentou abraçá-la, uma cena clássica na falta de *time* masculino.

– Saia daqui, me deixa em paz – gritou Ângela.

Marcos saiu enfurecido e foi para o quarto. Sentado na cama, viu a besteira que tinha feito. Ele amava a esposa e as filhas e, embora não fosse feliz no trabalho, era muito feliz como esposo e como pai.

Começou a esmurrar a parede e a dizer com os dentes trincados:

– Idiota! Você é um idiota! Como você foi capaz de falar tudo isso, imbecil? – dizia a si intimamente.

\* \* \*

Quando começamos uma vida a dois escolhemos, cuidadosamente, palavras e gestos, que têm por objetivo não ferir a pessoa amada, contendo muitas vezes nossa raiva por estarmos sendo contrariados. Como não queremos ferir ou distanciar essa pessoa, conseguimos filtrar nossos sentimentos hostis.

Acontece que se esses sentimentos não forem assumidos e trabalhados, ficam esperando a oportunidade de vir à tona, o que termina acontecendo ao longo do relacionamento. Nesse momento, infelizmente, esquecemos como certas palavras e gestos podem comprometer profundamente nossa intimidade. Em momentos de exaltação emocional e de frustração pessoal, acabamos por ferir quem menos devíamos, e o fazemos com requintes de crueldade. Quando o evento que desencadeou a raiva no presente não é suficiente para dar substância às nossas agressões, buscamos acontecimentos do passado, no qual a pessoa falhou, e passamos na cara com desdém, puxando o que julgamos ser uma verdadeira ficha criminal.

Nesse momento, a dor do acusado aumenta, pelo sentimento de injustiça que o reviver dessas histórias evoca. Essa guerra verbal não tem vencedores, apenas vítimas cegas que não querem enxergar seus erros, focando em apontar o defeito do outro. Nesse momento, o casal perde a capacidade de colocar o outro em primeiro lugar, de reconhecer os medos e as necessidades do outro.

Depois de muitas agressões, eles se tornam a dinâmica do casal de tal modo, que nem um nem outro consegue mais dimensionar o efeito das agressões no coração do parceiro.

* * *

Já passava das duas da manhã quando Marcos ouviu o barulho de seu *WhatsApp* e pensou: – Quem está passando um whats a uma hora dessas? Gelou quando viu que era Ângela. Quando abriu viu que era um longo texto. O primeiro pensamento foi o de muitos homens: Como as mulheres conseguem escrever tanto no teclado do *WhatsApp*? Devem ser os dedos menores? Mas, começou a ler.

> 😢😢😢😢😢😢😢😢 Hoje percebi que você começou a perder a noção do efeito que suas palavras têm. Temo que a partir de hoje comecemos um caminho sem volta para níveis mais hostis de ataques verbais. Hoje eu percebi que você não mediu uma palavra sequer para me agredir e agredir nossa família. Parecia outra pessoa! Mas, saiba Marcos, que cada golpe verbal deixa uma cicatriz permanente, ainda que invisível.

> Já tinha percebido, há muito tempo, que você tinha se transformado num reclamador crônico, mas nunca comigo. Sempre foi do trabalho ou do nosso padrão de vida. Às vezes, percebia que bastava algo sair do planejado que você começava um discurso de autopiedade, de vítima, que eu sempre respeitei, na esperança de que você um dia acordasse. Eu não sei como ajudá-lo!

> Você frequentemente anda por aí com uma nuvem negra sobre a cabeça. Para não cruzar a fronteira de sua privacidade emocional, sempre tentava te animar, e você sempre ficava melhor, então achava que estava te ajudando, mas parece que não, né? Eu tentei iluminar seus dias ruins.

> Hoje você me agrediu sem parar, sem se tocar na dor que me provocava, numa tentativa descabida de me fazer sentir culpada, além de atacar a minha profissão. Por que você não engole seu orgulho e valoriza a sua família? Nós temos uma família linda, sabia? 😠

> Com essas agressões de hoje e suas palavras amargas e destrutivas você conseguiu, finalmente, minar meu sentimento por você. Mas, talvez seja isso que você queira. 😔 Acho que você deseja ardentemente ser um grande perdedor, destruindo a única coisa boa em sua vida, nossa família, já que você não valoriza sua profissão que, diga-se de passagem, manteve nossa família dignamente até hoje. E, se eu me lembro bem, nunca reclamei de nosso padrão de vida, pois o que temos sempre foi o suficiente para mim. Nunca lhe pedi mais que isso, pois não foi sucesso financeiro que busquei em você.

> Sempre foi seu sorriso, seu bom humor e a imensa vontade de viver. E, ao contrário do que você pensa, eu nunca quis ser uma âncora na sua vida, mas uma vela para lhe ajudar a navegar a nau família.

> Você não sabe o esforço que faço para não me contagiar com sua visão de mundo distorcida e sempre ter que ouvir, há quinze anos, o seu desabafo sobre seu trabalho, mas eu sempre consegui, porque você nunca contaminou nossa vida conjugal. Eu te ouvia e depois você sorria e voltava a ser o homem por quem me apaixonei. Mas hoje parece que você não pode ou não quer ver o dano que causou a si mesmo e a mim... 😭😭😭😭😭😭

Marcos leu e releu. A partir dali, pôde ter a exata dimensão dos efeitos danosos provocados por suas agressões. Começou a responder, apagou, começou de novo, apagou. Demorou tanto que Ângela esperou um texto enorme e, como resposta, veio:

> Eu sou um perfeito idiota. Um estúpido completo...

Ângela leu e pensou. Eu não acredito que depois desse tempo todo digitando ele só diz isso. E ainda continua querendo ser vítima.

> É só isso que você tem pra me dizer?

> Eu tentei expressar minha raiva e frustração da única maneira que eu sabia até hoje.

> Esse modo de culpar os outros é um ciclo que deve ser interrompido, você não acha?

> Às vezes, eu acho que você tem vergonha de mim, por não ser um profissional brilhante.

> Você é um profissional brilhante. Eu sei que você não gosta do seu trabalho, mas faz o que tem que ser feito de forma brilhante e recebe elogios por isso.

> E por que será que ninguém lá percebe isso e me dá um cargo melhor?

> Por dois motivos: primeiro porque você deixa claro o seu desprezo pelo lugar e pelo João Alberto, e segundo e mais importante: você quer mais do que subir de cargo lá, só que essa reclamação compulsiva trava tudo na vida, meu amor...

Aquele "meu amor" fez Marcos chorar. Como uma mulher, depois de ouvir tanta barbaridade e despautério podia chamá-lo de meu amor? – Que mulher incrível eu tenho – pensou. – Já está me consolando e orientando, que burro que eu sou, que burro! Vê o tesouro que você tem... Acorda, cara!

Ângela percebeu que Marcos não estava digitando.

> Oi! Você tá aí? 😟

Ele colocou carinhas chorando muito.

> Tô 😭😭😭😭😭😭

> Por que você está chorando? 😱

> Depois de tudo que te disse você me chama de meu amor, você não existe. Linda, gostosa e maravilhosa, tudo ao mesmo tempo...

😍😍😍😍😍😍 Quer dizer. Esqueça as carinhas de coração. Estou magoada 😡

Desculpe, meu amor, eu não queria ter dito aquilo sobre sua profissão. Não é o que eu penso. Sua dignidade e seu devotamento à Educação me mostram como você é um ser humano bem melhor do que eu, muito melhor.

Acontece que você é feliz assim, mas eu queria um pouco mais financeiramente e não queria me sentir menor ou culpado por isso.

Mas eu não te culpo. Apenas queria que você parasse de reclamar e agisse. Você quer mais da vida? Lute por isso! Você ainda pode fazer um concurso.

Vc acha? Já tenho 37 anos.

😔Você só tem 37 anos, deixe de drama. Olhe as justificativas.

Sei não. 😔😔😔😔

Eu tive uma ideia. Vou deixar minhas atividades na academia e no inglês, para ficar com as meninas à noite, e assim você poderá estudar. Você viu que tem um cursinho para concursos a cinco minutos aqui de casa? Vai ter sacrifício, mas você sempre foi muito inteligente, é só ganhar ritmo novamente. 😔😔😔😔😔😔😔😔😔

Não quero que você se sacrifique por mim.

Eu quero fazer isso por você, é escolha minha. Marcos, o casamento pode ser um lugar solitário quando o outro só pensa em si mesmo.

Você é a mulher mais linda que encontrei na minha vida, em tudo. Muitas vezes, eu não acho que lhe mereço e tenho medo de te perder. Não me tornei o homem que você merecia.

Você não entendeu ainda, não foi? É impressionante como você só aprende da maneira mais difícil.

O que eu não entendi?

Eu não me apaixonei pelo homem que você poderia ser. Eu me apaixonei pelo homem que você já era. Não me apaixonei por uma promessa... Essa ambição profissional e financeira é sua, e eu respeito, vá em frente. Meu amor não será maior ou menor se você conseguir ganhar mais. Mas, hoje percebi o quanto isso é importante para você, e estou disposta a fazer tudo que puder para te ajudar a realizar esse sonho, pois a sua felicidade me fará mais feliz.

De repente Marcos abriu a porta do quarto e Ângela teve um susto.

– Me perdoa?

Ela não disse nada, levantou-se e deu um ardente beijo, que ele retribuiu com a mesma intensidade.

* * *

Era sábado de manhã quando os dois acordaram enroscados um no outro. Depois de um "eu te amo" com sorrisos de canto a canto, foram preparar o café da família, enquanto se entreolhavam como há muito tempo não se olhavam, com aquela cara de apaixonados e certa malícia boa no olhar, como se dissessem um para o outro: Vamos repetir mais tarde?

Foi quando Maria Clara entrou na cozinha, meio desconfiada e sem entender o que estava acontecendo, perguntou inesperadamente:

– Papai, você me ama?

– Claro que sim, meu amor. Amo muito. Ele entendeu a pergunta, afinal ela devia ter ouvido os gritos na noite anterior e ficado assustada.

Ele a abraçou forte, contendo as lágrimas. Quando a colocou no chão, Maria Clara olhou para ele dizendo:

– Te amo esse tantão assim – abrindo os bracinhos para demonstrar a dimensão do seu amor.

Aí, não deu para segurar. Marcos se ajoelhou, abraçou a filha e começou a chorar. Sua filha adolescente entrou na cozinha e viu a cena. Ângela sorriu e piscou para a filha, como quem dissesse: – Ele precisa disso. Então, as duas se aproximaram e fizeram um abraço a quatro.

A essas alturas, Maria Clara lhe perguntava por que ele estava chorando.

– De felicidade – disse ele. – É, meu amor, a gente também pode chorar de felicidade.

Ela fez de conta que entendeu e continuou abraçada ao pai.

Naquele momento, Marcos estava reavaliando muitos conceitos. Felicidade, sucesso, chegar lá. Afinal, o que é chegar lá? Que lugar é esse que tem que ser sempre tão melhor do que o lugar onde eu já estou agora? Por que a felicidade deve estar lá e não aqui?

Marcos começava a entender muitas coisas – que a felicidade não está no lugar para onde vamos, mas na forma como nos conduzimos durante toda essa viagem fantástica que é a vida.

Aquela briga com Ângela, o amor dela realçado no perdão, aquele abraço familiar, foi como um despertar para ele. Afinal, ele amava e era amado.

Marcos começou a perceber o quanto vinha desperdiçando a felicidade. Ele já estava no pódio afetivo, e se queria mais da vida, era hora de parar de culpar os outros, se responsabilizar e realizar. Mas, não dava mais para não enxergar a felicidade já presente em sua vida. Um sentimento de profunda gratidão tomou conta dele, sentimento essencial para que as outras conquistas viessem com leveza, como parte de um processo, não uma corrida maluca e destrutiva.

Afinal de contas, o que há de tão errado em ser uma pessoa comum? Será que todos deveríamos virar celebridades para nos sentirmos felizes? E se essas celebridades são tão felizes como nos querem fazer acreditar, por que não param num casamento? Por que morrem de overdose? Por que entram em coma em cirurgia para corrigir o que já é bom em seus corpos? Por que passam horas e horas esticando, puxando e se referenciando num corpo, cujo único e inexorável destino é o envelhecimento?

O que há de mal, afinal, em ser Marcos, João, Maria das Graças, Patrícia, em ser você?

Ainda havia muito chão pela frente para Marcos superar, mas o primeiro passo ele já tinha dado...

\* \* \*

Já era fim de tarde e Marcos, na porta de sua casa, abraçado com Maria Clara, contemplava o sol se pondo. Ao observar esse fenômeno, percebeu o quanto a vida se renova, e que embora o Sol seja o mesmo sempre, existem novos matizes de sua luz que iluminam cada canto da Terra. Percebeu que, assim como o Sol, ele iluminava diariamente cada novo aprendizado de sua filha. Quando ela errava, olhava para ele rapidamente e encontrava afeto e atenção de um pai que, tal qual o Sol, iluminava os caminhos não trilhados de sua filha, permitindo a ela seguir de forma segura pelas novas sendas da vida. Marcos então, finalmente, se perdoou. Ele era um vencedor, não do olimpo social com seus valores equivocados e aprisionadores, mas da luta da vida com seus heróis anônimos aos olhos do mundo: certamente, não aos olhos de Deus.

Ele estava livre, pois percebera que a felicidade não vinha de fora, mas era construída dentro dele. Estava sentindo de forma nítida e palpável o amor de sua filha. Estava se dando conta de outras conquistas como, por exemplo, a sua dignidade de, mesmo nos momentos mais difíceis, nunca ter cedido ao caminho fácil, à desonestidade e à falta de ética. Manter-se digno no mundo de hoje já é, em si, grandiosa vitória.

Seu "eu" real era lúcido e amoroso, seu "eu" ideal era egoísta e ambicioso. Mas, quando finalmente percebeu quantos sonhos já havia realizado, constatou que antes tinha muitos pesadelos que o assombravam e o impediam de ver a realidade do amor e da paz já conquistados. Não significa dizer que Marcos não pudesse ter ambições de crescimento profissional e financeiro, mas isso não deveria impedi-lo de reconhecer o quanto já havia conquistado.

Não era só Marcos que dormia. Você também pode estar dormindo e precisando acordar. Para isso, é necessário desviar um pouco o olhar do mundo e olhar para si mesmo, pois, como assevera Carl Gustav Jung, psiquiatra suíço e fundador da psicologia analítica: "Quem olha para fora sonha, quem olha para si mesmo acorda."

closeupimages | Shutterstock

# Mariposa
## ou *luz*

> *Recolhe-te e enxergarás o limite de tudo o que te cerca. Expande-te e encontrarás o infinito de tudo o que existe.*
>
> — EMMANUEL

* * *

Em mais um daqueles dias em que Marta revelava toda sua amargura diante da vida, escutou um desabafo inesperado de sua sempre doce e gentil amiga Patrícia:

– Sabe do que mais, Marta? Chegaaaa! Eu estou cansada de você! É isso! Você está sempre querendo dar uma de "boazinha" para todo mundo, mas você não é assim! Você é invejosa e dissimulada, não assume suas posições, se é que você tem alguma posição que não seja em cima do muro! Sempre dá uma de coitadinha, de vítima. Mas, sabe por que você faz isso? Para ninguém cobrá-la, pois assim continua sendo essa pessoa digna de pena, mas nunca de respeito. Você tem inveja, simplesmente, porque não acredita em você. Você se acha um nada. Não se ama, não se valoriza, não se respeita nem acredita em você. Por isso, vive circulando os outros, feito um vampiro, sugando e destilando seu veneno. Você não tem vida própria, é feito um zumbi. As pessoas te suportam, te toleram por pena ou medo ou interesse... Sei lá! Mas quando você sai comentam o quanto é insuportável sua presença. E sabe por que nunca ninguém lhe disse isso antes? Por covardia, porque você é barraqueira, e as pessoas não dizem a verdade, pois é mais fácil, e elas não têm que se comprometer com nada. Não fosse você a profissional séria e honesta que é, há muito tempo eu teria deixado de ser sua amiga. E se você quiser me odiar por tudo isso que eu acabei de dizer pode me odiar, mas eu não aguentava mais, isso estava entalado há anos. Eu prefiro perder sua amizade a continuar vendo você se destruir por essa amargura que corrói sua vida e a vida de quem lhe cerca.

Após ter dito tudo que pensava, Patrícia ficou esperando que Marta "voasse no seu pescoço", como era de seu costume sempre que era contrariada. Mas naquele dia foi diferente. Marta estava apática, quase catatônica. Não mexia um único músculo do rosto e seu olhar estava fixo em Patrícia; ela não piscava, como se cada palavra pronunciada ainda estivesse sendo processada, digerida e, ao mesmo tempo, era como se não acreditasse no que acabara de ouvir. Só após algum tempo, lágrimas começaram a lhe correr a face. Mas, ainda assim, ela estava imóvel, e então Patrícia pôde perceber que seus olhos estavam em outro lugar, em outro tempo, talvez no lugar e no tempo que construíram a estrada que a havia levado até aquele dia, para ouvir tudo aquilo.

Marta, menina de família pobre, da periferia, sempre sonhando em sair, como ela mesma dizia "do buraco onde morava". Sua vida era um compasso de espera, na qual esperava alcançar o que tinha direito, pensava ela. Aquelas pessoas não representavam a família que ela sonhava em ter, e ali não era seu lugar.

– "Alguém deve ter cometido um erro" – pensava ela. – "Talvez a burocracia celeste ou um erro infeliz da cegonha, afinal, mais uns quarteirões e eu teria nascido não nessa periferia pobre, mas no bairro nobre da cidade. Cegonha estúpida, burocracia idiota, vida medíocre!"

Marta tinha um objetivo traçado, feito a partir daquelas promessas de criança, diante do espelho, qual Scarlett O'hara em *E o Vento Levou*: "Nunca mais vou passar por isso..." E todas aquelas promessas que nós fazemos quando estamos sofrendo.

Tudo isso, porque as meninas do grupo escolar, onde estudava, estavam zombando dela por estar usando um Conga, um tipo de tênis de lona de sua época, usado por pessoas mais humildes. Todas as colegas com um Kichute ou Bamba e ela de Conga, e ainda por cima um número a mais, pois era o que sua irmã mais velha tinha usado no ano anterior.

"Nunca mais!" – prometeu ela, aos oito anos, em lágrimas, diante do espelho. – "Nunca mais ninguém vai rir de mim!"

Começava ali uma saga pessoal, a saga da menina pobre de periferia que, ao contrário de muitas, não queria casar e ter filhos com um moço trabalhador, morar num conjugado com laje para o churrasco do fim de semana. Marta não queria usar Conga, mas sim o que quisesse, o que o dinheiro pudesse comprar.

Ela sabia que atalhos não dariam certo, afinal, ela não era uma mulher bonita para tentar ganhar a vida com a cara, como muitas que ela conhecia. Por isso, tinha que começar cedo sua trajetória. E fez isso, com foco e obstinação. Ela só contava – pensava – com ela mesma. Então, não restava outra saída a não ser estudar, estudar muito. E foi o que aconteceu.

Na escola pública onde estudava, destacava-se a cada ano que passava. Enquanto suas irmãs, primas e amigas se divertiam nas baladas, ela pensava:

– Pra que ir a essas festas chinfrins de ônibus, com esses caras idiotas, lisos e mal vestidos? Não!

Seu futuro era o alvo, e a "pobreza" generalizada de sua vida presente era a certeza constante de que ela não poderia parar. Ela tinha que fugir daquelas pessoas e daquele lugar.

Marta passou no vestibular de Direito de uma excelente universidade pública, sua primeira grande vitória. Passou a estudar com as pessoas que ela queria ser um dia, meninas lindas e ricas, das quais ela se aproximou, dizendo-se ser uma estudante do interior, negando sua condição de menina de periferia.

Estudava mais do que todo mundo e se destacava a cada semestre, a cada disciplina. Terminou o curso e passou no primeiro concurso para juíza. – Agora sim – pensou ela, tudo daria certo.

Mas, ao longo dessa trajetória, Marta havia se tornado uma pessoa amarga, distante de sua família, obcecada por dinheiro e poder.

Durante o curso, ela conheceu Patrícia, uma jovem linda, querida por todos, também muito inteligente e destacada, mais até do que Marta. Patrícia era de classe média alta. Seus pais, um desembargador e uma pediatra, amavam e se orgulhavam muito da filha. Sua casa sofisticada, sua família afetuosa, seu namorado galã... Enfim, sua vida quase perfeita gerava um sentimento bastante ambivalente em Marta. Por um lado, ela detestava Patrícia; por outro lado, sentia-se atraída pela vida de Patrícia e, além disso, ficar inimiga da garota mais querida e admirada do curso de Direito, filha de um desembargador, não era uma boa ideia. Por isso, Marta tornou-se a "melhor amiga" de Patrícia.

– Como ela chega a ser irritante – pensava Marta, às vezes. – Além de ter tudo isso, ela é uma pessoa boa, preocupada com os outros, não fala de ninguém, não deseja mal a ninguém, releva tudo e está sempre sorrindo. Que saco!

Patrícia era o *eu ideal* de Marta, tudo o que ela desejava ser e ter. De sua parte, Patrícia nem suspeitava disso; Marta desejava ter a bondade e a leveza de Patrícia.

Marta virou Juíza Estadual, e Patrícia Procuradora Federal.

– Ela nasceu na frente e continua na minha frente, isso é injusto! – pensava Marta, intimamente.

Marta não dava certo em relacionamento nenhum, brigava com todo mundo, mas tinha se casado com um carinha boa-pinta que, claramente, só queria o dinheiro dela. Ele a tratava mal, criticava tudo nela. Andava no carro dela com outras mulheres, mas era um homem bonito, como ela sempre quis. Como havia uma troca de interesses, e ela tinha certa consciência disso, então, aceitava.

Marta era amarga, mal amada, ácida com todos e sórdida nos comentários. Tratava seus subordinados no Fórum como quem se vinga do passado através das pessoas que estão, na sua visão, abaixo dela. Certo dia, disse para um escrivão que lhe fez um elogio:

– Tá pensando que eu já nasci grande, meu filho? Não! Eu ralei muito, mas hoje sou grande. Agora te digo logo, não é para todo mundo não!

A tendência de se vangloriar é típico das pessoas inseguras, que usam a arrogância para passar certa superioridade, tentando esconder a imensa fragilidade de que são dotadas.

Ao contrário de Marta, Patrícia era toda simplicidade, fazendo questão de se apresentar apenas como funcionária pública, sem mostrar patente, e sendo sempre admirada por onde passava.

Marta, não obstante sua arrogância, era uma profissional muito competente e honesta. Sua mãe, uma lavadeira sem alfabetização, era uma mulher sábia e cheia de princípios, e apesar de Marta ter sido sempre uma filha que reclamava muito para a mãe da vida humilde que tinha, absorveu da mãe seu exemplo de honradez.

Sua amiga Patrícia também se destacava por sua honestidade. Mas, para Marta tudo era mais difícil e ela colecionava um leque de inimigos por onde passava, enquanto Patrícia, um leque de admiradores.

De todas as pessoas da época da faculdade, somente Patrícia permaneceu sendo sua amiga ou pelo menos era, porque depois de tudo que ela havia acabado de lhe dizer, talvez não fosse mais sua amiga.

Após o silêncio, as lágrimas e o olhar num longínquo *flashback*, Marta se levantou ainda chorando e gritou:

– Eu te odeio, eu te odeio, eu te odeio! Quem você pensa que é?

Patrícia ficou calada. Sabia que depois do que ela tinha dito haveria uma reação por parte de Marta.

– Pra você tudo foi sempre fácil, pra mim não! Eu tive que ir atrás, ralar muito! Portanto, não me venha com esse discurso de moça certinha, caramba!

– O seu passado – disse Patrícia – não lhe dá o direito de agredir as pessoas e tentar se compensar de suas dores. Tudo o que eu disse é verdade, eu não retiro nada!

– Eu sei, droga, eu sei...

Patrícia não estava acreditando e ficou pasma pensando:

– "Ela disse eu sei? Existe vida inteligente aí dentro, ou eu não ouvi bem?"

Mas, para surpresa de Patrícia, ela continuou a dizer:

– Eu sei que é verdade, eu sei. E eu não aguento mais ser assim. E caiu aos prantos, desolada e soluçando.

– "Então, existe um ser humano aí?" – pensou Patrícia.

– Eu queria ser como você, boa, humana, mas a vida me violentou demais e tive que ficar assim para sobreviver, em constante "modo de combate". Se eu bobeasse seria atropelada pelo mundo, mas estou exausta de tudo isso – continuou em meio às lágrimas.

– O passado não pode ser uma eterna desculpa para não crescer. Se você conseguiu deixar de ser uma moça pobre para se tornar uma juíza, você também pode deixar de ser uma pessoa amarga! A força é a mesma e está dentro de você.

— A essas alturas, eu não mudo mais.

— Isso é mentira, você apenas se acomodou.

— Mas é muito alto o preço da mudança, não sei se eu aguento. Vou ter que mexer com muita coisa, não sei se tenho forças para encarar.

— Não importa quão alto seja o preço de sua mudança, ele ainda será sempre menor do que o preço amargo que você vem pagando por ser e continuar sendo quem é.

— Patrícia, minha única e verdadeira amiga, eu não tenho a menor ideia por onde começar.

Elas se abraçaram e choraram juntas. Ali não havia espaço para julgamentos, nem por parte de Patrícia que não teve que suportar a trajetória de Marta e suas dores, nem de Marta para consigo mesma, pois a autopunição estava no limite, era preciso mudar. Era preciso, naquele momento, vencer-se.

— Sabe – disse Marta –, eu tenho tantos problemas que nem sei por onde começar...

— O que mais te incomoda, o que mais te faz sofrer, hoje? – perguntou Patrícia.

— O meu casamento. Eu sou humilhada todos os dias. Ele me chama de gorda, sem graça, me explora financeiramente e ainda por cima me trai.

— Eu pensei que você não soubesse disso!

— Eu sempre soube, mas eu sempre quis ter um marido que impressionasse as pessoas.

— A esse preço? Isso é loucura! Quer dizer, desculpe-me Marta, quem sou eu para dizer o que você deve fazer ou viver no seu casamento!

— Você está certa, é uma loucura, e eu não estou mais aguentando.

\* \* \*

Quando buscamos nos outros o que está em nós, tornamo-nos frágeis e infelizes. A instabilidade dessa escolha nos converte em pessoas amargas e magoadas.

Muitos relacionamentos não dão certo porque queremos projetar no outro e esperar do outro que ele ou ela nos compense de todo o nosso passado, venha a nos redimir dos nossos erros, a nos curar dos nossos medos. Como se vê, trata-se de um conjunto de solicitações que ninguém pode atender. Nesse caso, ninguém será perfeito, pois estamos esperando dessa pessoa o cumprimento de tarefas que são nossas. No caso particular de Marta havia um agravante. Ela já tinha consciência de que não era amada e de que inclusive era traída, mas mantinha o relacionamento, o que representava para ela tortura constante. O fato de seu marido ser um homem atraente parecia ser a justificativa para suportar tanta humilhação. Na verdade, esse era o único atributo de seu marido. Mas, por que Marta e tantas outras mulheres e homens, também, se submetem a relações extremamente humilhantes e danosas só para estarem com alguém belo ou bela? Um conto budista pode nos revelar os motivos que estão por trás desse e de outras escolhas.

Havia num monastério um monge muito querido que era o líder espiritual com muitos seguidores. Entre esses seguidores, um jovem se destacava e era com ele que o líder espiritual mais conversava. Eles caminhavam juntos, meditavam juntos. Era como se esse jovem monge fosse o seu escolhido, um pupilo.

Alguns anos depois, o líder espiritual desse monastério veio a falecer, deixando um vácuo na liderança desses jovens monges, sedentos por novas lições luminosas. Após as merecidas homenagens ao velho e querido monge que havia partido, iniciou-se um processo sucessório. Não houve contendas, pois todos acreditavam que o jovem monge, que caminhava e meditava mais constantemente com o mestre, era naturalmente o indicado para ocupar o seu lugar. Contudo, quando foi consultado sobre a proposta, esse jovem monge se absteve e disse não se sentir preparado para substituir o seu mestre em tão alta missão. Depois de sua negativa, os demais monges acreditaram, então, que aqueles mais velhos e que estavam há mais tempo no monastério seriam os indicados para substituir o mestre. Estes, porém, também se disseram incapazes de assumir o lugar do mestre. Todavia, para resolver a problemática propuseram um teste e aquele que passasse nesse teste demonstraria sua maturidade e sabedoria e seria, portanto, o novo líder espiritual do grupo.

Todos os monges foram colocados em uma ampla sala formando um círculo e no meio desse círculo foi colocado um vaso de porcelana chinesa, belíssimo e muito raro. Depois disso, um dos monges mais velhos afirmou:

– Temos aqui um problema, aquele que resolvê-lo será o nosso novo líder.

Todos os monges começaram a olhar para aquele belíssimo vaso em busca do problema. Horas e horas se passaram e ficaram a se perguntar: como um vaso tão lindo pode ser um problema? Seria a pintura? Não, eram perfeitas as gravuras feitas a ouro inscritas no vaso. Seria a porcelana? Não havia falha, nem sequer podia perceber algum arranhão. Então, após várias horas, um dos jovens monges, que estava observando o vaso, levantou-se e pegou um pedaço de pau, foi em direção ao vaso e fez o que ninguém esperava: espatifou o vaso em vários pedaços e, então, disse:

– Pronto, acabou-se o nosso problema.

Todos ficaram calados e ao mesmo tempo estupefatos com a atitude daquele monge. Como ousara quebrar um vaso tão lindo, tão perfeito?

O monge mais velho que havia proposto o teste, por sua vez disse:

– Esse é o nosso novo líder espiritual.

– Como, por quê?! O burburinho tomou conta.

– Todos vocês – explicou o monge – ficaram paralisados ante a extraordinária beleza do vaso. Não viam problema, falhas, defeitos, e por isso limitaram-se apenas a admirá-lo. Assim são os maiores problemas de nossa vida. Existem coisas e pessoas na vida que nos chamam tanto a atenção que nos hipnotizam com sua beleza e nos paralisam. Aquilo que mais desejamos é o que, muitas vezes, nos destrói. Ao quebrar o vaso, nosso jovem amigo nos libertou do cativeiro da ilusão. Encontrar toda aquela beleza ou inteligência ou bondade ou luz em nós mesmos é a única forma de vencer a ilusão.

Esse conto lembra uma conhecida assertiva de Jesus: "Vós sois deuses, fazei brilhar a vossa luz".

Marta tinha em seu marido um vaso precioso, mas vazio. Assim como o tal vaso, do conto, ele a paralisava, submetendo-a a humilhações e vexames. Entretanto, ainda assim ela permanecia sofrendo ao seu lado.

\* \* \*

– Eu não estou mais aguentando – continuou Marta. – Mas, eu não consigo acabar esse relacionamento.
– Você acha que precisa sofrer a vida inteira e se punir eternamente? Já não basta seu passado e as dificuldades que enfrentou?
Patrícia havia dito a palavra mágica. Autopunição. Na verdade, Marta se punia, mantendo uma relação sem amor, de traições. Libertar-se e procurar um amor verdadeiro implicava perdoar-se e se permitir a paz.
Perdoar-se, no caso de Marta, seria se aceitar como ela era. Dessa forma, conhecendo seus limites, ela poderia avançar sem esperar que ninguém cumprisse esse papel por ela.
Quando nós nos achamos pouco, qualquer pessoa é muito para nós. Quando nos sentimos fracos, qualquer um parece ser uma fortaleza. É aí que investimos nossas esperanças em um ser tão ou mais fraco que nós e que nos torna reféns de uma relação humilhante e sufocante.
Havia duas Martas, a profissional vencedora e a mulher fracassada. Num primeiro momento, ela achou que a primeira permitiria que ela suportasse a segunda, mas somos um só ser, e qualquer dimensão de infelicidade que possuímos pode se generalizar em nossa alma afetando-nos totalmente.

A mulher fracassada e humilhada não permitia mais à profissional vencedora usufruir de seu sucesso. Marta, dessa forma, ao manter um casamento falido e de aparências, no qual ainda era rebaixada de todas as maneiras, derrotava-se todos os dias, o que ampliava sua fúria, sua arrogância, sua revolta, que descontava nos outros, especialmente, nas pessoas com quem trabalhava.

Depois daquela discussão dura com Patrícia, Marta saiu decidida a agir.

– Patrícia, meu casamento, se é que se pode chamar isso de casamento, é o maior motivo de infelicidade atual, e resolver isso vai doer muito, eu sei, mas será o primeiro passo para sair dessa angústia que me consome todos os dias.

– Conte comigo, como sempre tem contado. Podemos, juntas, pensar numa saída – disse Patrícia.

– Amiga, pela primeira vez, eu preciso encontrar sozinha a porta de saída. Sei que seu desejo de me ajudar é sincero e agradeço, mas será muito importante eu resolver isso com meus próprios recursos emocionais.

Para Marta, deixar finalmente a fantasia pautada por um casamento de aparência, profundamente infeliz, seria o ponto de partida para uma mudança radical em sua vida. Após a conversa com Patrícia, ela voltou ao Fórum para terminar o expediente, mas em silêncio profundo. De forma mecânica, conduziu as audiências uma a uma, até que terminou a última, colocou seu *tablet* na bolsa e começou a arrumar sua mesa para sair. Sua escrivã a observando, percebia quão diferente ela estava desde que tinha voltado do almoço – uma Marta quieta e silenciosa. Até a arrumação da mesa que ela deixava por conta de Priscila, ela providenciara, o que causou estranheza à escrivã que não resistindo, perguntou:

– Dra., a Senhora está bem?

Após alguns segundos pensando na pergunta, ela respondeu:

– Priscila, sinceramente, eu não sei lhe responder isso hoje, mas posso dizer que eu acho que finalmente vou começar a ficar bem... Mas, talvez antes, eu fique bem mal, ou sei lá, acho que não dá para ficar pior do que está.

Ela olhou para Priscila e percebeu o espanto da moça com a resposta inesperada e lhe disse:

– Deixe pra lá, Priscila, hoje nem eu estou me entendendo, deixe pra lá...

Priscila fingiu que entendeu, mas não acrescentou mais nada, pois percebera que alguma coisa estava acontecendo e, então, resolveu respeitar o silêncio de sua chefe.

Marta se dirigiu ao elevador e mal respondeu aos cumprimentos dos colegas do Fórum, foi até o estacionamento na vaga a ela reservada. Olhou o nome escrito na placa do estacionamento: "Vaga do(a) Juiz(a) da 3ª Vara da Família", pensou na ironia de ser juíza titular de uma Vara de Família, logo ela que se sentia completamente só, especialmente, naquele dia.

A caminho de casa, ela se lembrou do seu professor de História do Direito, o professor Mário. Um homem sério e comprometido com o que acreditava, não era nenhum *pop star* das aulas, mas tinha profunda reverência pelo conhecimento e sempre que podia instigava os alunos a ampliarem o entendimento, sobretudo, no que dizia respeito ao caráter ético do direito.

Certo dia, numa aula em que ele discorria sobre as idas e vindas da história humana, ele disse:

– Do mesmo modo que a história das coletividades, a vida de cada um de nós é possuidora de traços de inequívoca ironia, pois ela é fruto de um interminável desenrolar de idas e voltas, avanços e reveses, que continuam até que o último sopro de ar saia de nossas narinas. Mas, isso não torna a vida um absurdo ou um despropósito, muito pelo contrário, isso nos dignifica, afinal o sentido vem do conjunto da meta alcançada que só é possível suportando todos os lados da moeda da existência.

Marta lembrou que havia perguntado a ele:

– Professor Mário, mas como suportar os dias ruins e como não se tornar arrogante, não que existam pessoas arrogantes no mundo do Direito – todos riram com a ironia dela. – Mas, como não achar que depois daquele concurso, você estará acima dos demais ou se não passar e for um operador no Fórum isso não o tornará menor?

– Marta – respondeu o professor Mário à sua instigante pergunta –, não devemos perder de vista o fato de que a vida é um constante fluir, um constante sobe e desce, por isso não nos esqueçamos do solene conselho dado por um escravo, dito ao pé do ouvido de um triunfante general romano: "Isto também passará."

"Isto também passará." Essa frase ficou ecoando em sua mente como uma espécie de mantra, foi como se ela quisesse ganhar força para agir e, ao mesmo tempo, alimentar esperança de que, qualquer que fosse a dor resultante de sua decisão, no final isso também passaria.

Marta pensou em como fazer, de que forma agir e concluiu: já tinha uma certeza, ela deveria agir de uma forma completamente diferente de como vinha agindo ao longo de sua vida. Se fosse acabar do seu jeito, pensou ela, armaria um "barraco", organizaria um flagrante de traição, o que não seria difícil, e deixaria o camarada sem nada, com a cara lisa, do jeito que havia entrado em sua vida. Mas, ela queria mudar de fato e agir diferente a partir daquele momento. Era uma espécie de símbolo dessa mudança.

Ela voltou à rotina de sua vida, dessa vez, na condição de observadora. Não cobrava mais nada do marido, apenas analisava seus gestos e como eles a impactavam. Certo dia, ele chegou da academia, ela o olhou e pensou: "Como você é lindo, cara. Como seria bom se você me amasse..." – mas também pensou: "Como você é convencido, e só tem isso para oferecer, um corpinho e um rostinho bonito que aliás têm prazo de validade. Tirando isso você é muito sacana comigo, mas eu também não lhe faço feliz".

Alguns dias depois daquela desgastante, mas renovadora discussão com Patrícia, Marta chegou à sua casa, depois de um dia exaustivo de leitura de processos, audiências e tudo mais da rotina do mundo jurídico. Ela se deparou com o marido assistindo a um jogo de futebol e, como era de costume, ele se manteve indiferente à sua chegada. Ela se dirigiu até ele, deu um beijo em sua testa e disse:

– Boa noite.

– Boa noite – ele respondeu de forma lacônica e secamente, sem ao menos olhar para ela.

– Jorge, eu gostaria de conversar com você.

– Agora não. Não estou a fim do seu moído hoje, me poupe!

– Eu não vou moer, prometo.

– Deixe pelo menos o jogo acabar.

– Claro! Desculpe-me, eu vou tomar um banho e te espero.

Ela disse isso com voz tão suave e com olhar de compaixão tão evidente e incomum que desconcertaram Jorge que, paralisado, ficou a olhar para ela que calmamente seguiu para o quarto. Essa atitude somou-se a uma série de outras atitudes diferentes às que Marta vinha demonstrando em relação a ele, contudo naquele dia ele, finalmente, juntou as peças e percebeu que algo estranho estava acontecendo. Ele desligou a TV, foi até o quarto e disse:

– Ok, Marta, vamos conversar, então.

– Mas e seu jogo?

– Depois eu vejo, deixei gravando, e é o campeonato espanhol, não estava torcendo por nenhum time.

– Tem certeza? Eu não quero atrapalhar – disse Marta.

Jorge, mais uma vez espantado com a reação disse:

– Tenho, já desliguei a televisão.

Marta continuou a olhar para Jorge com carinho, o que ela jamais havia conseguido fazer. Estava sem a raiva e o ressentimento de costume. Via-o não mais como um algoz, mas uma vítima dela e, sobretudo, dele mesmo e das escolhas que ele vinha fazendo.

– Sabe, Jorge, eu nem fui e nem tenho sido uma boa esposa para você. Eu sei que você não me ama, e eu não lhe culpo por isso.

Jorge pensou em reagir, em pedir que parasse com o drama, mas alguma coisa lhe dizia que aquela conversa seria diferente de todas as outras e ele ficou ali, ouvindo-a.

– Eu me apaixonei por você desde o primeiro dia em que te conheci. Você é um homem muito atraente, não pude resistir. Eu sei que não sou uma mulher belíssima, sempre soube, então, a única maneira de conquistá-lo foi dando todos aqueles presentes, as viagens, os hotéis, coisas que você gosta muito. Mas eu sei que você não me ama, eu tenho consciência disso. Acho que também não amaria uma pessoa que me comprasse. Na verdade, eu também não te amava, estaria mentindo se dissesse. Fui muito apaixonada por você no início, mas as muitas decepções destruíram esse sentimento e continuei com você por capricho, só para ter um marido belo e atraente que chamasse a atenção das minhas amigas. Eu não fui verdadeira com você. Eu te usei, por isso hoje eu não te culpo pelas traições, eu me traí antes. Eu só queria que soubesse que tenho carinho por você, mas que não faz mais sentido continuarmos juntos, por isso eu quero me separar de você. Não pense que estou fazendo algum jogo ou teatro. Não quero te ameaçar, xingar, enfim, "fazer barraco". E antes que você diga qualquer coisa, saiba que eu quero fazer isso de forma amigável, sem ressentimentos ou desejo de vingança. Por isso, eu decidi deixar com você o apartamento da praia e seu carro. Você sempre quis morar na praia, lembra? Durante dois anos, eu vou te dar uma pensão boa, tudo documentado, para você ter tempo de refazer sua vida, voltar a estudar, encontrar alguém que você ame de verdade, para casar, ter filhos, enfim ser feliz.

Jorge estava calado, tudo era tão verdadeiro, não havia o que questionar. Aquela mulher, naquele momento, sensata, sem mágoas, parecia ser outra pessoa. Então, ele disse:

– Por que você não foi assim desde o começo? Talvez, quem sabe, eu teria aprendido a te amar.

– Sabe, Jorge, eu não tinha como dar isso antes, e agora eu preciso aprender a me amar primeiro.

– Eu concordo com você em tudo, menos num ponto.

– Qual?

– Você está dizendo que me usou, mas eu também te usei. Não fique com essa culpa sozinha, é injusto. Eu poderia ter sido ao menos gentil com você, mas nem isso eu fui. No fundo, no fundo, eu tenho raiva de você e inveja também.

– Inveja de que, pelo amor de Deus?

– Por você ser uma vencedora. Você nasceu pobre igual a mim, mas não parou no tempo. Estudou e venceu. Sempre foi atrás do que quis e conseguiu e, confesso, isso me irrita. Você é exibida, esnobe, arrogante, mas é honesta, nunca te vi entrar nessa de corrupção e sei que não faltou oportunidade. Esse é seu lado que admiro ainda mais. No seu lugar, sei não, eu iria me fazer, sabe, iria ficar rico mesmo! Como aquele seu amigo juiz da Vara da Fazenda Pública. Eu não me movimento. Você já se ofereceu para pagar uma faculdade para mim, mas eu detesto estudar.

Marta nunca tinha se visto tal qual uma vencedora, pois sempre se comparava com sua amiga, e sua amargura não a deixava divisar sua honestidade e integridade, mas de quem ela menos esperava, uma visão mais lúcida de seu lado positivo era revelada. Embora em sua fala ele deixasse bem claro que admirava a profissional, não a mulher, isso ficou bem claro nas entrelinhas.

– Se hoje é o dia do jogo da verdade, eu precisava te dizer isso e... Bem, me perdoe também.

– Não vamos nos culpar, essas escolhas foram feitas antes, quando não tínhamos maturidade. Passaram-se vários anos e estamos mais adultos.

– Você tem razão. Como eu faço, vou embora agora?

– Meu Deus! – pensou Marta. – Parece que ele estava esperando por essa carta de alforria há anos, foi só propor que ele já estava querendo decidir como seria a saída. Ela registrou certa raiva e a velha Marta barraqueira quis vir à tona, mas pensou que talvez no lugar dele ela também estivesse louca para sair correndo daquela situação e que, afinal, não havia mais espaço para raiva, era apenas o momento de finalmente decidir e resolver. Ela pensou tudo isso em questão de segundos, como é comum nas mulheres, e, em seguida, mas apaziguada internamente, disse-lhe:

– Jorge, já é tarde, não seria prudente você sair a essa hora para um hotel ou para a casa de alguém. Acho melhor você dormir hoje no quarto de hóspedes e amanhã levar suas coisas para o apartamento da praia.

– Tudo bem.

– "É só isso!" – continuou pensando consigo mesma. – "Tudo bem!" Nem uma lágrima ou ao menos uma cara de tristeza. Se brincar, ele está em estado eufórico. Meu Deus, não existe mais nada dentro dele em relação a mim. Como eu fui burra todo esse tempo, já devia ter tomado essa decisão há muito mais tempo. Mas, como diz ele: – "Tudo bem!" Finalmente agi.

A noite foi longa. Marta entrou no quarto e chorou copiosamente. Aos soluços, repassou sua vida, a conversa, sua decisão. Sabia que não seria fácil, mas que tinha tomado a atitude mais correta.

Pela manhã, ela tomou café sozinha; comunicou Teca, a senhora que a ajudava nos serviços domésticos há mais de cinco anos, o que havia ocorrido. Pediu para que ela ajudasse Jorge a fazer as malas e disse-lhe que o deixasse levar o que quisesse.

Após um dia de trabalho cansativo, no qual ela mergulhou com o afinco de quem não quer pensar noutra coisa, teve que voltar à realidade. Chegou ao apartamento por volta das dezenove horas. Nada de diferente na sala, na cozinha, tudo do mesmo jeito. Quando entrou no quarto e foi até o *closet* viu que não havia mais nada de Jorge. Nem um sapato, nenhuma camisa, só as portas abertas com cabides pendurados. Vazio imenso lhe tomou e ela se sentou no chão em posição fetal e chorou soluçando, como quem perde algo muito valioso e está pedindo arrego. Cerca de uma hora de choro, e Marta começou a se acalmar, voltou a olhar para as portas abertas e as ombreiras penduradas. Foi tomada de sensação diferente. Ela percebeu que estava sentindo saudades de uma vida que nunca tivera. Saudade de companheirismo, de cumplicidade, de respeito e afeto, coisa que ela não vivenciara no relacionamento com Jorge.

– "Viver o luto do que não se viveu é estranho" – pensou ela.

Por outro lado, sentiu alívio, sentiu-se como o monge que havia quebrado o vaso e naquele momento era livre. Ela poderia, então, recomeçar. Pensou em ligar para Patrícia e chorar ao telefone, desabafar. Mas ela queria fazer diferente, não queria mais ser a vítima da história. Ela fechou as portas do guarda--roupa, jantou e assistiu TV até pegar no sono.

Pela manhã, enquanto preparava seu café, Teca lhe perguntou o que fazer com tanto espaço no *closet*.

– Não se preocupe, Teca, hoje mesmo vou comprar uma passagem para Nova York e vou com umas amigas no fim do mês fazer compras. Quero renovar meu guarda-roupa, comprar novos sapatos, acessórios, enfim, brevemente aquele *closet* vai ficar pequeno.

– Mas a senhora não vai pintar o cabelo também não?

— Por quê?

— Porque toda mulher que se separa corta o cabelo ou pinta. Pra mim isso é jeito de quem quer mudar a cara pra esquecer da besta que foi. Eu mesma, quando deixei aquele pinguço desgraçado do Zé, fiz logo uma progressiva, estiquei o fuá, lembra?

Aos risos, Marta respondeu:

— Lembro sim, Teca, somos duas mulheres separadas agora, coitadinha de nós — disse em tom de brincadeira.

— Coitadinhos deles. A gente se libertou, quer dizer, me desculpe falar assim de Seu Jorge. Mas, a senhora vai ou não mudar o cabelo?

— Não, Teca, eu já fiz isso toda a minha vida, chega de máscaras!

— Como assim? Nunca vi a senhora mudar o cabelo! — perguntou Teca sem entender.

— Eu passei a vida tentando esquecer quem eu era e não fui mais feliz por isso. Agora não vou pintar, mudar, maquiar, alterar, negar nada, vou ser eu mesma e, como diz a música de Caetano Veloso: "Pra começar eu só vou gostar de quem gosta de mim". — E sorriu.

Passados alguns dias, ela marcou um jantar com sua amiga Patrícia que estava em férias e contou tudo.

— O que você acha? — perguntou para a amiga.

— Sinceramente, Marta, estou surpresa com você. Eu acho que eu não seria tão generosa e grandiosa como você foi, deixar um carro, um apartamento e ainda ficar pagando pensão durante dois anos!

— Amiga, se eu não tivesse feito assim, minha vida se tornaria um inferno ainda maior, além do que eu quis indenizá-lo.

— Indenizá-lo por quê? Você é quem tinha direito à indenização.

— Sei lá, conviver comigo não é fácil e acho que ele teve muito saco.

— Saco? Com o vidão que você dava para ele era para lamber o chão que você passava!

— Mas, isso não é uma relação saudável. Não quero mais ninguém me "suportando", quero ser leve e encontrar um cara legal que se sinta feliz ao meu lado.

— Mas não precisa ser nenhum modelo de televisão, minha amiga.

— Contra essa doença eu já estou vacinada. Homens assim querem ser cultuados no altar do próprio Ego e ainda querem receber pelo serviço, que por sinal, minha amiga, aqui para nós, nem é essas coisas todas.

— Você me enganou (risos), você dizia a todas que ele era demais!

— Ah! Era só para ver vocês babando, mas puro teatro. Eu tinha que vender o peixe de que era um casamentão, mas não era mesmo. Não quero mais isso para minha vida. Vou falar agora igual às usuárias de droga: "Dra., eu tou limpa".

As duas gargalharam, e Patrícia concluiu.

— Parabéns, minha amiga! Nessa história toda a forma como você agiu com ele foi admirável! Eu tenho profundo orgulho de ser sua amiga.

Em toda a sua vida, Marta tinha conseguido muitas vitórias, mas ouvir aquilo de Patrícia, uma pessoa que, então, ela não mais invejava, mas sim admirava, foi a maior de suas vitórias, uma vitória contra a

Marta traumatizada do passado, uma vitória sobre si mesma. Ela percebeu o valor do perdão, do autoperdão, da generosidade, e descobriu como é boa a recompensa da doçura.

– Falta começar a mudar o resto.

– É, eu sei. Vou tentar resgatar minha família. Se é que eles ainda querem me ver.

– Tente. Faça sua parte. Seja humilde, afinal, foi você quem os ignorou até hoje.

– Fui muito estúpida – disse Marta. – A melhor parte de mim é fruto da criação que minha mãe me deu.

– Minha amiga querida – interrompeu Patrícia, pegando as mãos de Marta entre as suas. – Chega de culpas, apenas se responsabilize e mude, eu estou do seu lado, como sempre.

Marta sorriu e chorou quando tocou as mãos de Patrícia, o primeiro afeto verdadeiro que ela se permitiu conhecer.

Seu coração ainda estava oprimido, pois toda vez que voltava para casa a solidão machucava, mas ela sabia que a companhia de Jorge tinha sido apenas de fachada. Desde a separação, ele jamais dera notícias, mas certamente ele estaria infernizando sua vida se não tivesse levado alguma coisa dela. Marta sabia que haveria um longo caminho a percorrer, porém estava se sentindo bem com ela mesma, pela primeira vez em toda a sua vida, e não tinha a menor intenção de parar.

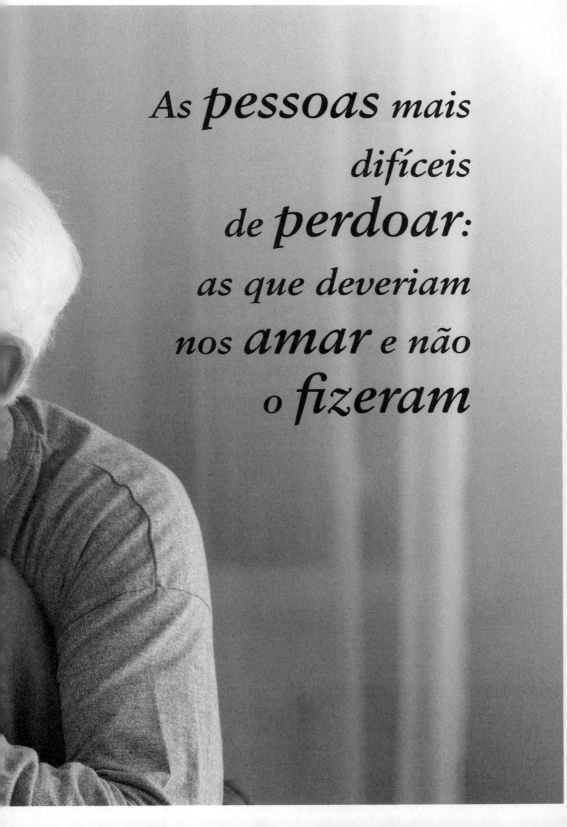

> *Não se pergunte o que fizeram de você, se pergunte o que você vai fazer com o que fizeram de você.*
>
> JEAN PAUL SARTRE

\* \* \*

    Depois de ter comprado sua cobertura num edifício da zona sul do Rio de Janeiro, João Marcelo parecia haver chegado onde queria: no topo, no lugar dos vencedores. Foram anos de estudo e sacrifício que o levaram até a vida confortável de então.
    Era a reunião dos condôminos, antes que todos ocupassem o prédio que estava quase pronto. Última reunião. Todos estavam lá, inclusive João Marcelo com seu carro utilitário de valor incalculável. Era a apoteose de uma vida dedicada a vencer. Mas, como em outras situações semelhantes, ele estava tomado de sensação ruim, um misto de mal-estar e vergonha, junto ao sentimento repetitivo de paranoia e baixa autoestima. Diante desses sentimentos recorrentes em suas relações sociais, João Marcelo enfureceu-se por não conseguir sair daquele sequestro emocional.
    – Como? – perguntou-se intimamente. – Como eu, o único proprietário da cobertura posso estar me sentindo menor do que os outros? Eu tenho o melhor e maior apartamento dessa droga de condomínio, no entanto, todos olham para mim como se eu fosse ninguém, um zero à esquerda!
    Ele via todas as pessoas, inclusive o engenheiro da obra, olhando-o com desdém. Àquela altura, já não conseguia distinguir se aquelas pessoas olhavam

para ele dessa forma, ou se era ele mesmo que se via tal qual uma pessoa insignificante a ponto de não ser notada.

O fato é que, durante toda a reunião do condomínio, João Marcelo não abriu a boca. Sentado num canto de parede, acuado por seus medos e paranoias, parecia um menino participando de algo só para gente grande ou para pessoas importantes, o que não era o caso dele, um penetra que não merecia estar ali.

Em seus delírios, vez ou outra, durante aquela aparente simples reunião de condomínio, João Marcelo sentia-se feito alguém que estivesse para ser descoberto e ridicularizado por tentar fazer parte de um mundo que não era o dele.

O que mais o incomodava, no entanto, naquele dia simbólico, era o fato dele já ter sentido aquilo em muitas outras ocasiões. Em pequenas reuniões no ambiente de trabalho, em um barzinho, num Shopping Center, numa praia. Enfim, sua vida era permeada de situações que lhe deixavam extremamente desconfortável, como se a todo o momento ele fosse visto em lugares que não lhe pertenciam, mas que ele insistia, ousadamente, em frequentar.

João Marcelo era um cirurgião dos mais competentes em sua área. Por isso mesmo era muito solicitado nos grandes hospitais de sua cidade. Todavia, não tinha uma relação amistosa nem com seus colegas médicos muito menos com seus superiores. Na verdade, as pessoas o achavam estranho. Era isolado. Entrava e saia sem falar muito, apenas o necessário.

Não era convidado para festas particulares, e quando os hospitais faziam alguma confraternização e ele era convidado juntamente com os demais, ficava isolado numa mesa ou quando conseguia se sentar à mesa de outras pessoas não falava, ficava murcho, ombros caídos, cabisbaixo, falando com o corpo o que ele sentia por dentro.

– "João Marcelo, um Zé ninguém, um farsante prestes a ser desmascarado".

Mas o que justifica esse sentimento? Uma pessoa "vencedora" aos olhos dos outros, mas derrotada por seus medos e angústias!

Após aquela reunião de condomínio, ele decidiu que não seria mais vítima de seu atormentado mundo interno. Assim que voltou para casa, ligou para um antigo colega de residência em neurocirurgia e relatou os últimos acontecimentos.

– Só posso ter alguma disfunção neurológica, André. Não tem sentido, por mais que eu cresça profissionalmente, continuo me sentido um "zé ninguém", essa é que é a verdade.

André era o único amigo que ele tinha. Por ser uma pessoa muito afável e solidária, talvez André fosse, de certo modo, a única pessoa que o suportava com toda aquela arrogância misturada a uma desenfreada paranoia denotando, no fim das contas, profunda sensação de vazio e humilhação.

Antes de terminar o telefonema, seu amigo o convidou para passar férias com ele em sua casa.

— João, desde que nos conhecemos, você nunca visitou meu Estado. Venha passar um mês comigo, relembrar os velhos tempos e esfriar a cabeça.

Ele aceitou o convite, mas assim que desligou, imaginou o quanto André devia ter pena dele. Ficou pensando no que ele devia ter falado para sua esposa ao desligar o telefone.

— Ah, querida! João Marcelo é um colega de residência, pobre coitado! Chamei-o para ver se posso ajudá-lo, mas acho difícil. Ninguém na residência o suportava.

— Tudo bem – pensou ele. — André não vai ser nem o primeiro nem o último a ter pena de mim. De qualquer forma, eu preciso que alguém me ajude.

Ao chegar à cidade de André, João Marcelo foi recebido pelo amigo com muita festividade e atenção, coisa bastante incomum em sua vida. Até a esposa de André, que não o conhecia, recebeu-o alegremente.

— Por que você não veio ao nosso casamento? André gosta tanto de você!

"Será?" pensou ele, ao mesmo tempo em que disse a si mesmo: "O único provável amigo que eu tenho e não fui ao casamento dele! Eu sou um idiota completo!"

Chegando à casa de André, havia um jantar especial para o visitante e um quarto de hóspedes preparado com carinho. Tanto zelo parecia irritá-lo.

Ele não sabia como lidar com aquilo. No fundo, no fundo, ele não se sentia merecedor de tanta atenção.

Terminado o jantar, Sofia, esposa de André, despediu-se dos dois dizendo que seria bom deixá-los a sós para recordarem os velhos tempos.

– André e Sofia. Que casal perfeito! – pensou ele, parecem felizes de verdade! É possível sentir-se bem, em paz? Talvez eu consiga.

Após várias recordações e algumas risadas, André puxou o assunto falado ao telefone. Quis saber com mais detalhes o que se passava na vida de João Marcelo, a fim de poder ajudá-lo.

– Eu sempre percebi que você não era feliz, João. Tentei entrar um pouco mais na sua vida, mas você nunca deu espaço para ninguém. Não conheço um único parente seu, e isso é estranho, cara!

E após ouvi-lo cuidadosamente, André disse que em sua opinião o caso estava mais para terapia do que para neurologia.

– Você tá brincando comigo, André! Eu não sou louco, cara! Além do mais esse negócio de terapia, isso é bobagem! Só acredito no que vejo. Deve haver alguma disfunção hormonal ou neurológica, sei lá! Mas, não vem com essa coisa de boiola para o meu lado não.

– João, se você acha mesmo que há alguma disfunção desse tipo, por que ainda não fez exames para se certificar?

– Eu fiz, mas não deu nada, tá tudo ok!

– Ah, meu amigo, então, não vem com essa não. Eu tenho um amigo que pode lhe ajudar. Vou marcar uma sessão para você amanhã.

E após muita relutância, João Marcelo aceitou. Afinal, não iria fazer nenhuma diferença ir ou não; além do mais ele não faria essa desfeita para uma pessoa feito o André, que estava fazendo o possível para ajudá-lo.

Era uma tarde de terça-feira quando João Marcelo chegou ao consultório e foi recebido pelo psicólogo Rafael Marques. Ao entrar na sala, sentou-se com certo ar de empáfia que lhe era natural quando se sentia superior a alguém, então olhou e lhe disse:

– Eu queria deixar bem claro que só estou aqui por insistência do André, mas não acredito em terapia. Para mim, tudo é uma questão hormonal ou neurológica, explicado pela biologia. Portanto, não me leve a mal, mas eu sou muito direto.

– Bem, João Marcelo, eu também costumo ser bastante objetivo, e já que você não acredita em terapia e está aqui quase que por pressão, eu gostaria de dizer que você pode ir, sem nenhum problema. Eu lhe entendo perfeitamente e não acho que possa ajudá-lo, uma vez que você não acredita no que posso lhe oferecer. Agora, fico intrigado com o fato de, sendo você um médico, por que não procurou colegas de profissão para solucionar seu suposto problema hormonal ou neurológico, como você diz?

Dito isso, Rafael se levantou e estendeu a mão para João Marcelo.

– Foi um prazer. Espero que você goste de nossa cidade. Soube que é a primeira vez que você visita nossa região, é verdade?

Surpreso com a atitude firme e ao mesmo tempo receptiva do terapeuta, João Marcelo ficou parado sem estender a mão. Definitivamente, ele não esperava aquela reação.

— Bem, mas já que estou aqui por que não conversamos? — disse ele em tom já mais amistoso.

— Podemos conversar na casa do André, marcar um *fondue* com vinhos, mas aqui, como terapeuta eu preciso ouvi-lo para poder ajudá-lo.

— Tudo bem. Vamos começar novamente. Sei que fui arrogante e esse é um dos meus muitos problemas, me desculpe. Já procurei todos os especialistas, fiz todos os exames e, do ponto de vista biológico, está tudo bem... Sendo assim, quem sabe você realmente não possa me ajudar?

Começou ali um processo de busca de respostas para João Marcelo.

Não que ele estivesse totalmente convencido da eficácia do procedimento terapêutico, mas, àquela altura dos fatos, ele faria qualquer coisa, caso alguém sugerisse!

Como ele ficaria apenas um mês, as sessões seriam diárias.

Durante as sessões, João Marcelo apresentava dificuldade em falar do passado, da família, e se concentrava apenas no seu comportamento antissocial atual.

Sempre que Rafael tentava buscar informações de seu passado, que o ajudassem a compreender suas atitudes atuais, ele dizia:

— Essa história dos psicólogos de saber sobre a vida infantil da gente é um saco. Toda criança tem problemas, não há nada de excepcional nisso. Por que minhas dificuldades têm que necessariamente estar relacionadas com o passado? E tem mais, eu nunca tive problemas com minha mãe, viu. Eu paguei psiquiatria no curso de medicina e acho essa história de complexo de Édipo coisa de doido, e o povo ainda diz que Freud explica, me poupe...

Mesmo assim, atendendo aos apelos de Rafael, ele começou a falar de sua infância.

Filho de uma família simples da zona rural, João Marcelo era o penúltimo filho de uma prole de dez. Sua mãe havia tido oito filhos. Depois de um intervalo de 12 anos, ela o teve e a seu irmão, Carlinhos. Seu pai era um homem do campo, sisudo, estúpido muitas vezes, e tinha clara preferência por Carlinhos e desprezo declarado em relação a ele.

Mesmo narrando inúmeros fatos que demonstravam essa realidade, João Marcelo não conseguia perceber uma relação de causa e efeito entre sua dificuldade de relacionamento com o pai e o irmão e as dificuldades que enfrentava na vida atual.

– Os pais sempre preferem um filho ao outro, não tem nada de mais, isso não mata ninguém. Foi assim comigo. Meu irmão Carlinhos era o sabichão. Meu pai o ensinou a dirigir carro antes dos 14 anos, levou-o para os cabarés. Tive que aprender a dirigir com um morador que me ensinava escondido, pois, como dizia meu pai, eu era um "leso", nunca iria aprender.

Certo dia, em mais uma das sessões, João Marcelo contou uma história, como muitas outras, que deixava clara essa preferência do pai por Carlinhos.

– Um dia, eu estava capinando a roça com o Carlinhos, já eram umas dez para as seis da tarde e começava a ficar escuro, foi nesse momento que um arbusto perto da gente se mexeu. Carlinhos saiu correndo e eu fiquei meio assustado. Depois que vi que era um gato, então fui caminhando calmamente para casa. Quando fui chegando, meu pai estava com o Carlinhos e moradores na varanda da casa. Quando ele me viu, disse:

– Lá vem o lesado. Ô "bichim" burro! Enquanto o irmão correu, porque é esperto, o lesado ficou.

– Todos riram de mim, inclusive meu irmão. Eu adentrei a casa e fui para o meu quarto. Aquela sensação de humilhação já era bastante familiar, eu já nem chorava, na verdade, começava a achar que era leso mesmo, sabe?

Àquela altura, depois de tantos relatos, Rafael não conseguia entender por que João Marcelo não conseguia perceber o impacto que todas essas cenas tiveram na formação de sua autoestima, de sua personalidade, enfim.

Faltava, pensou ele, talvez um *insight*. Um momento mágico quando, como dizem "a ficha cai", tudo fica claro, tudo começa a fazer sentido. Foi quando ele, o psicólogo, perguntou:

– E se nessa situação do arbusto mexendo repentinamente, você tivesse corrido e chegado antes e seu irmão tivesse chegado depois?

Aquela pergunta, feita após certa pausa da narrativa de João Marcelo, atingiu-lhe como um soco no estômago. Ele ficou parado, com os olhos de espanto, como se estivesse vendo uma coisa assustadora e, de repente começou pela primeira vez a chorar. Era um choro compulsivo, quase sufocante, ele soluçava, como que tomado por uma dor profunda, causada por decepção, mágoa, ódio.

Seus olhos pareciam uma tela rápida em *flashback*, ele estava voltando no tempo e ressignificando tudo que havia acontecido até ali. Era como se cada cena, cada evento ganhasse novo sentido, ou melhor, finalmente, fizesse sentido para ele.

Depois de mais de vinte minutos, ainda em prantos, ele disse:

– Se eu tivesse corrido e chegado primeiro – interrompeu a fala por causa do soluço – aquele velho estúpido teria dito que eu era um covarde e que o idiota do meu irmão era corajoso, por isso tinha ficado para enfrentar o perigo.

Ao se referir ao pai como "aquele velho estúpido" e a Carlinhos como "o idiota do meu irmão", ele deu um passo significativo em favor de sua libertação. Denotava que, pela primeira vez, ele estava expressando a dor que sufocava dentro de si há tanto tempo.

Quanta humilhação! Todos aqueles anos sendo um pária para o pai, sempre abaixo do irmão!

\* \* \*

A mente humana é incrível! Muitas teorias psicológicas se debruçam em demonstrar o quanto somos frágeis, neurotizados, infantis... Outras, porém, abrem espaço para falar de nossas potencialidades adormecidas, da enorme capacidade de superação que possuímos e, no entanto, não as utilizamos.

João Marcelo, assim também a maioria dos filhos que são desprezados por um dos pais em detrimento de outros irmãos, procurou alternativas para sair do lugar onde queriam lhe colocar, o lugar do "idiota", do que não faz nada certo, do que não vai vencer na vida... Enfim, do "lesado".

Durante a formação da personalidade, as palavras e os gestos de nossas mães e pais ficam impressos em nós como uma sentença, e durante muito tempo somos o que eles programam: vencedores ou perdedores.

Todavia, por nunca se prepararem para perder e sempre ser privilegiados em tudo, os filhos escolhidos terminam muitas vezes como derrotados, incompetentes, enquanto que alguns dos prováveis perdedores, os filhos preteridos, ignorados e desamados, procuram alternativas para sair da angústia, do lugar do desprezo. E foi o que João Marcelo fez.

Seu pai, Ignácio, alimentou um sonho durante sua vida, o de ser médico. Mas, nunca teve acesso aos estudos. Foi só quando Carlinhos nasceu que ele escolheu um filho para realizar seu sonho. Ele sempre dizia:

– Esse menino ainda vai dar muito orgulho ao pai, vai ser Doutor. Temos que ter alguém importante nessa família!

Foi aí que Ignácio deu a deixa para João Marcelo. Não dá para dizer ao certo se consciente ou inconscientemente. O fato é que João pediu à mãe para ir estudar na cidade e ficar morando com uma tia. Como era muito tímido e antissocial, e a tia era "moça velha" – expressão comum usada no interior para designar uma mulher que não se casou – e não tinha filhos, só lhe havia uma coisa a fazer: estudar, estudar e estudar.

Enquanto Carlinhos vivia nos rodeios com os amigos se embriagando, João estudava. Quando foi se inscrever no vestibular, olhou para as opções de cursos e quase que instintivamente colocou medicina.

– Você é louco, meu filho? – disse a tia. – Esse curso é muito concorrido e sua educação básica foi muito deficitária naquele grupo escolar onde você estudou.

E como era de se esperar, João Marcelo passou para o primeiro período. A indiferença e até certa raiva ficaram evidentes no rosto de seu pai quando ele lhe deu a notícia, e Ignácio não emitiu um único comentário.

O resto da história já dá para imaginar. Ele se tornou um cirurgião competente e requisitado. Seu sucesso foi uma revanche, no momento em que realizou o sonho de seu pai que não tinha programado isso para ele, mas para o Carlinhos. E quanto a Carlinhos, terminou o segundo grau "à força"; engravidou três moças, sem assumir nenhum compromisso com elas, e por não conseguir um emprego decente, foi viver nos Estados Unidos como clandestino, trabalhando na construção civil.

Mas, mesmo depois desse percurso de vencedor, por que a angústia, o medo, a dor?

João Marcelo havia vencido materialmente, mas emocionalmente ainda estava derrotado, ainda era de certa forma, o "leso".

Esses sentimentos de ódio e revanche estavam reprimidos, consumindo sua vida. No entanto, eram vivenciados cotidianamente nas relações pessoais atuais, através de um mecanismo psicológico chamado projeção. Este mecanismo de defesa, bastante comum, faz com que o indivíduo transfira situações de uma fonte original de frustração no passado para outras pessoas na atualidade, revivendo o trauma de forma automática e inconsciente.

Era o caso de João Marcelo. Como a relação com seu pai e com seu irmão Carlinhos era sempre difícil e conturbada, ele projetava essa relação em outras pessoas. Sentia como se os seus superiores (inconscientemente representantes do pai) não acreditassem no seu trabalho, e por isso ele os hostilizava. Quanto aos seus colegas médicos, representantes inconscientes da figura de seu irmão, ele os percebia como mais capazes e competentes e, ao mesmo tempo, os causadores de sua vida infeliz.

A insegurança psicológica era tão grande que ele não conseguia entender por que era o neurocirurgião mais solicitado da cidade, uma vez que se julgava incompetente.

Mas, o que fazer naquele momento em que ele finalmente percebeu o quanto esse passado interferia no seu presente? Única atitude lhe caberia para se livrar do peso desse passado: perdoar.

Perdoar nem sempre é solucionar; entretanto, muitas vezes, é resolver.

A solução hollywoodiana para este caso seria João Marcelo conversar com seu pai e com seu irmão e expor a sua dor. Em seguida, eles reconheceriam que erraram. Depois, eles lhe pediriam desculpas, e se abraçariam ao som de uma música ao fundo, num pôr-de-sol na roça onde seu pai ainda morava.

Esqueça! O mundo real solicita mais pé no chão e menos fantasia. A diferença que quero estabelecer aqui entre solucionar e resolver é a seguinte: para solucionar, eu preciso da colaboração do outro. Que ele mude, entenda-me, aceite minha versão dos fatos. Para resolver, depende só de mim. É uma questão de foro íntimo. Eu não tento mudar a situação, mas sim, a maneira como me posiciono diante dela, alterando, assim, a forma como ela me afeta.

Não havia espaço para uma conversa entre João Marcelo e seu pai de mais de 80 anos, por exemplo. Mas, ele, João, podia mudar as coisas.

\* \* \*

– João, como está hoje o seu relacionamento com o seu pai?

– Como assim? Eu não o vejo há muito tempo. Basicamente, só nos falamos por telefone.

– Certo! E como são esses telefonemas?

– Bem! Ele liga para pedir dinheiro.

– Ok! Eu quero detalhes de como é essa ligação.

– Caramba! Eu não sou mulher.

– Você está me entendendo?

— Ok! Vamos lá. Bem, ele liga cinicamente — e começou a imitar com voz infantilizada o jeito de falar do pai. — "Oi, meu filho, é papai, tudo bem? Como vão as coisas? Você nunca mais apareceu. Seus irmãos sempre perguntam por você".

Em seguida, falou irritado.

— Como se ele realmente se importasse ou quisesse que eu o visitasse. Isso me irrita muito, você não tem noção. Ficou cínico depois de velho.

— O que você diz após ouvir a fala dele?

— Para parar a palhaçada, pergunto quanto ele precisa naquele mês. Ele tenta desconversar e falar sobre política e outras coisas, mas insisto que não tenho tempo e que ele diga logo quanto quer. Aí, quando ele diz a quantia, eu falo: "Vou depositar. Até mais!" E desligo.

— Assim? Desliga sem nem se despedir?

— Sim, para ver se ele se toca.

— Você sabe realmente por que faz isso? Para humilhar, se vingar de seu pai. Você se sente melhor quando desliga? Se sente vingado?

— Como assim, para me vingar?!

— Você submete um homem de mais de oitenta anos a ter que mendigar dinheiro ao filho todo mês. Imagino o esforço que ele faz antes de ligar, sabendo como você será frio e estúpido e como ele se sente depois que desliga.

— E como eu me sentia na infância nas diversas cenas de humilhação, você já pensou? Todas as vezes que até pensei em me matar para parar de sofrer. Isso conta?

— Claro que conta, mas a minha pergunta é o que você ganha hoje em tratá-lo assim. Você se sente melhor? Se sente superior? Acha que está dando uma lição?

— Claro que não, mas você quer que eu aguente o cinismo dele todo mês e diga: — Olá, papai amado, que saudades, que bom que o senhor ligou, blá, blá, blá — falou em tom de ridicularização.

— A verdade é que você espera todo fim de mês para humilhar e constranger seu pai. Eu entendo os motivos, foi muita dor. Você o espera ligar para de forma indireta dizer: tá vendo aí, velho otário? É o "leso" que te sustenta hoje e não seu filhinho querido. Isso faz você se sentir melhor? É o que eu lhe pergunto.

— Claro que não me sinto. Me sinto péssimo depois, péssimo. Ele é um velho e, querendo ou não, é a droga do meu pai.

— Então, mude isso.

— Como? O que você sugere?

— Enquanto você não melhorar a forma como se sente em relação a ele, não é bom falar com ele por enquanto. Estabeleça uma espécie de mesada mensal, generosa e suficiente, e diga que irá depositar sempre num dia específico do mês na conta dele. Peça para a secretária fazer isso, pois nem fazer esse depósito pessoalmente lhe fará sentir bem todo mês.

— Eu sou muito mole mesmo. Passo por tudo que passei e ainda vou pagar pensão.

— Não. Você vai pagar paz de espírito. Você sabe que é o certo.

– OK, ok! Depois vou querer o Nobel da Paz, viu? Vou merecer.

* * *

Rafael sugeriu a João Marcelo que estipulasse uma quantia fixa e depositasse automaticamente na conta do pai, evitando aquela repetição. Pediu para que ele conversasse com seus outros irmãos para saber como eles viam o pai. Ao fazer isso, ele descobriu muitas outras dores, mas também soluções. Seus outros irmãos, cada um do seu jeito, superaram a forma como o pai os tratava e seguiram suas vidas.

Mas, por que isso? Por que não abandoná-lo, já que ele os havia humilhado e diminuído? Ignorá-lo seria mais simples e ele poderia seguir em frente.

Aí é que está! Todos nós temos um sistema de autorregulação interior. Funciona como normas inconscientes que nos orientam. Freud, o pai da psicanálise, denominou esta instância de Superego, com atributos de autovigilância no cumprimento de normas morais, entre outros. Seria tal sistema como um juiz interior, autopunitivo. Mas, é Carl Gustav Jung quem pode nos ajudar a entender bem mais essa questão.

Todos temos dentro de nós arquétipos ou imagens primitivas que servem de esteio para nossas ações, ainda que de forma inconsciente. Odiar pessoas emocionalmente significativas ou mesmo tentar esquecê-las, provoca um dano emocional grandioso, o mesmo que vinha ocorrendo com João Marcelo.

Odiar um pai, então, se configura tal qual uma sentença de infelicidade, dada a importância dessa figura, não obstante, muitos pais não agirem como tais.

Talvez por isso, a importância dessa relação ressaltada em um dos dez mandamentos. São dez leis que teriam sido originalmente escritas por Deus em tábuas de pedra e entregues a Moisés, patriarca judeu. Elas se encontram no Velho Testamento, mas especificamente no "Livro de Êxodo", no capítulo 20 e versículos de 2 a17 e "Deuteronômio" no capítulo 5, versículos de 6 a 21.

É interessante notar que em nove mandamentos nos é solicitado, de forma contundente e clara, o que não devemos fazer: não matarás, e assim por diante. Mas, no quinto mandamento nos é solicitado fazer algo, ser proativos, e mais, ao cumprirmos esse mandamento, temos uma espécie de bônus. Ao honrar pai e mãe, nossos dias se prolongam sobre a terra. Senão vejamos: "Honra a teu pai e a tua mãe, a fim de que os teus dias se prolonguem sobre a terra que Deus te dá".

Em nosso inconsciente coletivo, essas palavras soam inversamente quando descumprimos esse mandamento, encurtando nossos dias ou, no mínimo, nos tornando muito infelizes.

Não se trata aqui de analisar a veracidade espiritual ou não dessa lei, mas de sua atuação simbólica em nossa mente. O fato é que ela existe dentro de nós.

* * *

Finalmente, Rafael sugeriu a João Marcelo que procurasse Carlinhos, seu irmão caçula, um dos focos de seus problemas, e conversasse com ele.

Essa foi a parte mais difícil. A resistência foi imediata. Havia muito ressentimento, e ele foi honesto:

– Essa não! Agora você pegou pesado! – disse ele. – Depois de tudo que conversamos é como se tudo voltasse. E dessa vez de forma diferente. Não estou com medo dele ou me sentindo ameaçado, estou com ódio, muito ódio. E eu, a vítima dessa história, é que tenho que procurá-lo? Qual é?!

De certa forma, esse sentimento era positivo, pois ele acontecia no inconsciente e, dessa vez, tendo consciência desse sentimento, ele podia trabalhá-lo.

Terminadas as férias, João Marcelo tinha de voltar para sua rotina, mas agradeceu a Rafael a contribuição, disse a ele que dali em diante seria mais fácil reconstruir sua vida, uma vez que havia identificado a fonte de seus problemas.

Combinou em dar notícias por e-mail e de, após cessar o ressentimento, procurar o irmão.

Certo dia, ao chegar à sua casa, Rafael recebeu um telefonema impressionante de João Marcelo. Alguns meses após ter voltado para sua cidade, ele entrou em contato com o irmão.

– Rafael, eu peguei o contato dele com uma irmã nossa e liguei para ele em Nova York. Ele estranhou, afinal, eu nunca tinha me comunicado, desde que saí de casa para estudar, e meu pai e ele, é claro, não foram para minha formatura. Perguntei como ele estava e ele me disse que estava tudo bem, que tinha uma pequena empresa de construção e prestava serviços para vários empreendimentos. Contou muita vantagem, como era comum e, depois, me perguntou por que eu tinha revolvido ligar após tanto tempo. Eu, então, fui direto como nunca havia sido nas poucas conversas que tivemos. Narrei o quanto eu tinha sofrido por causa da forma como nosso pai me tratava. Disse a ele que durante muito tempo esse mal-estar também estava ligado a ele, mas depois resolvi dar um basta em tudo e percebi que ele não tinha culpa, que na verdade foi nosso pai, na ignorância dele, quem nos jogou um contra o outro a vida inteira, mas que eu queria recomeçar minha vida, inclusive minha relação com ele. Quando terminei, ele ficou em silêncio. Pensei até que a ligação tivesse caído. Eu lhe disse:

– Alô! – ele disse "estou te ouvindo".

– Aí ele se calou novamente e começou a chorar. Em seguida, foi a minha vez de ficar calado. Logo depois, perguntei se ele estava bem, e aí veio a verdade. Ele disse que estava passando por muitas dificuldades. Quase havia sido pego pela imigração e estava vivendo de biscate. Disse também que era um fracassado, ao contrário de mim, que segundo ele, apesar de ter sido muito humilhado e maltratado por papai todos aqueles anos, tinha conseguido dar a volta por cima e era um vencedor, pois havia me tornado um médico famoso e rico, enquanto ele, peão de obra.

— E depois, num tom ríspido e de deboche, disse: "Está satisfeito por saber da droga de vida que tenho hoje? Está se sentindo vingado?"

— Eu explodi, cara! Ironia àquela altura da vida, depois de tudo que passei? Não.

— Escute aqui, Carlinhos! Durante muito tempo na minha vida desejei sim, ardentemente, que você sofresse. Desejei me vingar de todas as humilhações que sofri a vida inteira. Não conto os dias em que para aliviar a minha dor imaginei você sofrendo, sofrendo muito. Mas, depois que eu terminei medicina e comecei a ganhar dinheiro, não queria mais ver seu sofrimento. Na minha cabeça o que me daria um imenso prazer seria ver sua cara, ao lhe mostrar meu carrão, meu "big" apartamento e tudo mais que meu dinheiro podia comprar. Ensaiei várias vezes chegar com uma loira dessas de dois metros de altura, de parar o trânsito, dessas que só casa com o cara por causa da grana e do padrão de vida que ele pode oferecer, mas que matam de inveja todos os caras que veem você com uma dessas. E por que tudo isso? Só pra ver tua cara de ódio, ao ver a vida que eu tinha. Mas eu percebi que nada disso iria diminuir a "droga" da dor que eu ainda sinto dentro de mim. Na verdade, apostei todas as minhas fichas em ganhar dinheiro para me vingar e de nada adiantava, pois me sentia muito infeliz mesmo.

— O que você quer de mim, agora? — ele perguntou.
Então, eu continuei.

— Após todo esse tempo sofrendo, eu percebi que se eu me vingasse não iria mudar muito minha vida, então, quis dar um basta. Não está sendo fácil essa ligação agora. Eu demorei muito tempo para tomar a decisão de ligar e só liguei agora, porque não penso mais em vingança, e pode ter certeza de que o fato de você não estar bem não me deixou alegre, muito pelo contrário. Seu relato só demonstra que nessa história toda, nós dois, cada um a seu modo, somos vítimas. Cada um saiu ferrado de um jeito e ainda sofremos. Mas, cara, eu resolvi não mais sofrer e dar um basta nisso tudo e quero saber se você não estaria disposto a recomeçar a vida.

– Como recomeçar?

– Por que você não volta para o Brasil?

– Cara, eu estou encrencado aqui, mal tenho dinheiro para comer, que dirá para comprar uma passagem. Além do mais, o que é que eu vou fazer aí? Não tenho curso de porcaria nenhuma, nem emprego me esperando, nem onde morar...

– Então, eu disse: "Se você quiser, eu compro a passagem, arranjo um emprego aqui e você fica morando comigo". Cara, ele ficou mudo. Não falou nada por alguns segundos.

Do outro lado da linha, Rafael também ficou em silêncio. Ele analisou o quanto é incrível o poder das pessoas quando resolvem seguir em frente. A força que o perdão libera, pensou Rafael, é algo fascinante, e a história de João Marcelo só reforçava essa sua percepção.

– Após alguns segundos – continuou João Marcelo –, Carlinhos disse:

– Você tem certeza?

— Claro — eu respondi. — Olha, Carlinhos, eu sei que nossa relação nunca foi grande coisa, mas já somos dois homens e temos que resolver isso. A verdade é que, como já falei, somos duas vítimas de um pai que agiu muito mais por ignorância do que por maldade. Eu não tenho mais raiva de você e queria muito, mas muito mesmo te ajudar. Acho que nossa paz de espírito vai passar pela reconstrução de nossa relação de irmão. Seria a prova cabal de que nós deixamos o passado para trás. Eu realmente quero te ajudar, meu irmão, acredite em mim.

— E ele, depois disso? — perguntou Rafael.

— Carlinhos começou a chorar do outro lado da linha. Cara, eu nunca tinha visto meu irmão chorar! Então, ele me disse:

— Eu não mereço isso de você.

— Por quê? — perguntei.

— Você sabe por que eu vim para os Estados Unidos? Para não ter que ver sua vitória. Eu chorei de ódio no dia em que você passou no vestibular. Depois, ver sua vida dar tão certo e a minha uma ruína me deu muita, mas muita raiva. Quando vim para os Estados Unidos, você fazia parte dos meus piores pesadelos. Foi com o passar dos anos que percebi que a culpa da minha vida ter dado errado foi de papai e, sobretudo, minha. Eu que fiz as piores escolhas, você fez as certas; você aguentou uma vida inteira de chacota minha e de papai, e mesmo assim deu a volta por cima. E depois de tudo, você de repente me liga mostrando que não só venceu profissionalmente, mas também emocionalmente ao perdoar a mim e a papai! Cara, sinceramente, eu não sei se vou aguentar encarar, e não tô falando só de grana não, tô falando de me sentir moralmente bem abaixo de você.

– E como você se sentiu após ouvir isso dele? – perguntou Rafael, encantado com o que estava ouvindo.

– Sabe, Rafael, eu o entendi muito bem, não fiquei com raiva. Nosso pai o tinha projetado para a vitória e eu para a derrota, e as coisas haviam saído diferentes do script. Então, eu disse:

– Olhe, Carlinhos, eu não fico com raiva de você por isso, eu também já o odiei muito, desejei até que você morresse acreditando que talvez assim eu fosse feliz. Nosso pai deu o que podia dar e nem adianta também ter raiva dele. Para nós nos libertarmos de tudo isso, precisamos nos perdoar e perdoar a ele também. Eu estou disposto a te ajudar, de verdade. Você não acha que o tempo do orgulho já passou? Não é hora de fazer diferente?

– E aí? – Rafael perguntou ansioso.

– Para resumir o resto da história, ele veio. Fomos passar o Natal em casa, com nosso pai e os demais irmãos. Foi uma surpresa para todos. Meu pai, quando o viu, chorou emocionado. Eu sabia que jamais teria dele aquela expressão de afeto. Mas, sabe de uma coisa, eu nem esperava que fosse diferente. Percebi que meu irmão ficou meio sem graça, então eu saí da sala para que os dois se sentissem à vontade para manifestar o carinho mútuo. Depois, conversamos mais a respeito do que aconteceu e combinamos recomeçar nossa relação, zerar, deixar a rivalidade em troca do início de uma amizade.

— Agora, ele mora comigo, está fazendo um cursinho para realizar um sonho dele, que é fazer medicina. Quando meu pai soube, disse sem querer: "Finalmente, vou ter um filho médico!"

— Eu não acredito que seu pai tenha dito isso, depois de tudo! Quer dizer, eu acredito sim. Sabe, há situações que simplesmente não mudam, nós é que temos de impedi-las de nos afetar.

— Essa cena antes seria trágica, mas eu vi de maneira cômica. Meu irmão Carlinhos, todo constrangido, disse: "Mas papai, o senhor já tem um filho médico, o João Marcelo!". Papai me olhou todo sem jeito e disse: "Me desculpe, meu filho, eu devo tá caducando".

— Eu sorri, por fora e por dentro, liberto daquele ciclo de me sentir menor e disse: "Tudo bem, papai, são muitos filhos, o senhor não tem como decorar a profissão de todo mundo".

— Como é que vai ser para ele cursar medicina? Ele tem cacife de passar numa universidade pública? – perguntou Rafael.

— Acredito que não. Ele vai tentar, mas já me comprometi com ele a pagar uma faculdade particular. Ele começou a namorar uma aluna do cursinho, filha de um médico conhecido meu, e pelo jeito o negócio é sério, pois está pensando até em se casar daqui um tempo. Eu disse a ele que meu presente será um apartamento. Ele quase caiu pra trás.

— Como você se sente agora?

— Primeiro, eu queria lhe agradecer muito. Você tem uma participação especial nesse processo todo, e você sabe disso. E além do mais, agora mando todo mundo fazer terapia, mas, principalmente, mando todo mundo perdoar. Eu via um mundo preto e branco e sentia a vida como um peso a ser levado. Agora, vejo a vida em cores vivas, é como uma bênção a ser usufruída. Minha relação com as pessoas mudou muito e hoje saio, vou às festas, tenho amigos de trabalho que me convidam para suas casas e, surpresa! Estou namorando.

– Namorando? Que bom! Fico muito feliz por você, pode ter certeza. Você nunca teve namorada antes?

– Rapaz, sinceramente, nenhuma mulher de juízo iria querer um cara "noiado" feito eu. Provavelmente, eu mesmo não namoraria comigo. Mas, depois que eu tomei o elixir da juventude...

– Que elixir da juventude é esse?

– O perdão! Deixa a gente levinho, levinho... Eu me envenenava todo dia com meu ressentimento. Agora, saro as feridas e estou experimentando pela primeira vez o amor de uma mulher.

– Parabéns, João Marcelo. Você é um vencedor. Aprendeu uma coisa muito importante sobre o perdão:

– O quê? – perguntou ele.

– Aprendeu que perdoar não é esperar um pedido de perdão, simplesmente porque algumas pessoas, como o seu pai, nunca vão reconhecer ou sequer ter consciência de que erraram, e por isso jamais vão pedir perdão. Algumas pessoas continuarão egoístas e ignorantes, mas nós podemos decidir não mais estar presos à visão de mundo delas. Agora eu lhe pergunto: Que lição você tira de tudo isso?

– Cheguei à conclusão de que meu pai estava certo.

– Como assim?

– Eu era um "leso" mesmo. É preciso estar em profunda leseira para deixar o ressentimento e a mágoa destruírem a gente.

Os dois riram ao fim do telefonema...

E você? Sim, você mesmo que acabou de ler essa história, quando vai sair da leseira?

Chepko Danil Vitalevich | Shutterstock

# Perdoando Deus

> "Os fracos nunca podem perdoar.
> O perdão é o atributo do forte.
> MAHATMA GANDHI

\* \* \*

Eram 03h15 da manhã quando Sílvia, que havia passado a noite com uma sensação ruim, atendeu o telefone com sobressalto. Do outro lado da linha, um amigo de seu filho Marcelo, o Bruno, em prantos, dizia que ele havia sofrido um acidente.

Não precisou entrar em detalhes, ela nem conseguia ouvir mais nada. Sua intuição dizia que o pior havia acontecido e sua reação foi gritar desesperadamente.

– Meu filho morreu! Meu filho morreu, Oh! Deus, não...

Sílvia era uma jovem e bela senhora de 44 anos. Havia se casado cedo com seu primeiro namorado, Valter, e era mãe de Amanda, 21 anos, Cássio de 20 anos e Marcelo, o caçula, de 18 anos. Valter e Sílvia eram dois profissionais bem-sucedidos que ofereciam uma vida bastante confortável aos filhos. Eles estudavam nas melhores escolas, tinham tudo que um padrão de classe média alta pode oferecer. Todos haviam feito intercâmbio fora do país para aperfeiçoar o inglês, e os dois mais velhos moraram com os pais em Londres quando Valter fazia doutorado. Enfim, uma família de sucesso, filhos promissores. Parecia que a felicidade encontrava naquele lar a mais alta expressão juntamente com uma invejável harmonia familiar.

Marcelo, o caçula, era a alegria e a espontaneidade em pessoa, aquele tipo que jamais passaria despercebido. Os dois mais velhos eram mais recatados, haviam puxado ao pai, voltavam-se mais para os estudos. Mas Marcelo era um jovem bonito, alegre, inteligente e muito popular entre os amigos. Todos o conheciam e o admiravam. Aos 18 anos, Marcelo estava cursando o 1º ano de Medicina e se apresentava tal qual o filho dos sonhos, até que um pesadelo se abateu sobre a família, sua trágica morte em um acidente de carro.

Seis meses após o acidente, Sílvia parecia haver envelhecido cinco anos. A casa, antes alegre e cheia de amigos, havia se transformado num lugar sombrio. Dopada com psicotrópicos, Sílvia nem de longe lembrava aquela bela mulher altiva e ativa. Sua expressão era de amargura e desesperança. Seu marido e seus outros dois filhos já haviam retomado suas vidas, mas Sílvia permanecia em luto infindo.

Na tentativa de ajudá-la, muitos religiosos eram convidados pela família para tentar consolá-la. Mas ela os recebia com ironia e rispidez.

– Deus? – dizia ela. – Que Deus é esse que tira de uma mãe um filho na flor da idade, com uma vida brilhante pela frente, e deixa vivo assassinos de todos os tipos, nos espreitando nas esquinas das cidades.

Por melhores que fossem as intenções dos que lhe falavam, parecia que cada palavra de conforto aumentava sua revolta.

Certo dia, ela escreveu numa agenda antiga:

*No dia 15 de março, meu filho morreu. Desde sua morte, eu tento reencontrar um significado para minha vida, mas eu simplesmente não consigo. Logo após o enterro, eu senti como se eu não tivesse voltado do cemitério. Voltou um zumbi, minha alma ficou lá com ele, e esta é a principal razão pela qual eu não consigo levantar dessa cama e encarar a vida... Uma morta não pode encarar a vida, ela apenas tem que ser enterrada. O pior é que eu não tenho esse direito, todos ficam dizendo que eu ainda tenho um marido e dois filhos. Deus que me perdoe, mas eles não são suficientes para aplacar a minha dor. Às vezes, fico com raiva de saber que eles esperam que eu volte à vida...*

*Meu pai e minha mãe morreram velhos e doentes e me lembro, como se fosse hoje, que quando descobri que meu amado pai estava com câncer eu rezava a Deus pedindo para salvá-lo, mas ao mesmo tempo, me preparava para o momento de sua morte, e passei meses pensando como seria. Sabendo que o seu fim seria inevitável, eu conversei mais com ele, declarei meu amor, minha gratidão por tê-lo como pai, e o quanto eu o achava um homem honrado, trabalhador, com virtudes raras hoje em dia. Muito do que havia de melhor em mim vinha dele... Queria ter dito e feito tantas coisas mais... Às vezes, eu ficava só olhando para ele com um leve sorriso como a dizer: "Eu estou aqui, não sei mais o que dizer, me constrange ver sua dor, mas eu estou aqui". E ele retribuía com um sorriso em meio às dores excruciantes que a doença lhe causava. Ficava confusa, pois, ao mesmo tempo em que queria dizer e declarar todo o meu amor, temia que ele entendesse que era um adeus, embora soubesse que ele sabia que era um adeus. Foi muito duro e doloroso ver meu pai definhando, mas eu pude me despedir do meu jeito, toquei-o pela última vez e vi seus olhos se fecharem. Mas tudo isso me foi negado com meu filho, só um caixão lacrado, em consequência da gravidade do acidente, nem mesmo o rosto de meu filho eu pude ver. Nem aquele vidro que fica na tampa do caixão foi aberto. Ele simplesmente saiu de casa sorridente, com aquele jeito maroto de sempre e não voltou mais... Não sei até quando vou suportar a falta de seu cheiro, de seu sorriso, de suas brincadeiras, o quarto com tudo dele, menos ele mesmo. Como também de não poder ter dito o quanto eu o amava, e de como ele iluminou minha vida durante os 18 anos em que ele esteve comigo.*

Distante do marido e dos dois filhos, Sílvia se isolava em sua dor, deixando de ver as vidas que ainda estavam ao seu redor.

Sua mágoa de Deus era o detalhe mais óbvio de suas lamúrias e acusações.

Ela blasfemava e denegria a figura de Deus para todas as pessoas, como forma de chocá-las, o que a tornou uma pessoa inconveniente, evitada pelos amigos e parentes.

Àquela altura, encontrar um culpado para sua dor parecia ser para Sílvia a saída mais cômoda. Mas, isso não mudava os fatos, antes aumentava a dor e o desespero da família, posto que Valter já não suportava mais as lamúrias de Sílvia, e a cada dia se distanciava mais da esposa, enquanto Amanda e Cássio sentiam-se órfãos de mãe viva, um aspecto que afetava profundamente a relação entre eles.

Certo dia, Sílvia começou a discutir com seu filho Cássio, que já estava com 21 anos, chegando quase à agressão. Em um momento de desespero e não suportando mais a atitude da mãe, ele passou a gritar:

– A senhora me odeia, é isso? Preferia que eu tivesse morrido e não o Marcelo, seu queridinho, e agora não me perdoa por isso! Eu não tenho culpa! Me deixe em paz, eu não tenho culpa!

– Viu só o que você fez, Sílvia? Você virou um monstro! Você é uma pálida sombra da mulher que eu conheci um dia, e agora, mergulhada em amargura e ódio sem fim, comete a insanidade de depois de ter perdido um filho querer matar, emocionalmente, os dois que estão do seu lado – disse em tom exaltado, Valter, seu marido.

Sílvia entrou em prantos, sua família estava em ruínas e, mais uma vez, ela culpou Deus.

– Está feliz, Senhor Supremo? – gritou ela em meio às lágrimas e ao deboche. Tá feliz de brincar de marionetes com os pobres mortais, de destruir minha família, de arruinar minha vida?

A única pessoa que ainda tentava consolar e acalmar a mãe, mesmo sendo também bastante maltratada, era Amanda, a filha mais velha de Sílvia. Sempre foi uma menina doce e respeitadora. Seus gestos e fala eram a mais pura expressão de sua personalidade singela e altiva. Mas, vendo aquela cena, mesmo sendo tímida e retraída, não se conteve.

– Chega de mentiras e de hipocrisia, mamãe, chega! A culpa é nossa e não de Deus – disse Amanda, gritando. – Não fuja mais, nem tente procurar culpados. A culpa é nossa e principalmente do Marcelo.

Àquela altura todos estavam calados na sala. Sílvia, Valter e Cássio não reconheciam aquela Amanda que gritava.

– Vocês não lembram que um ano antes do Marcelo morrer, ele acabou com um carro depois de uma noitada na farra, como tantas outras? E que punição ele recebeu depois do que fez: uma reclamação? Uma repreensão? Um conselho? O senhor, papai, e a senhora, mamãe, pediram para ele parar de beber? Fizeram-lhe sentir o peso do que havia feito? Deixaram-no sem carro ao menos por uns tempos? Não. Compraram um melhor. Os amigos dele viviam avisando das muitas vezes que ele quase bateu ou atropelou alguém. A Bia, ex-namorada do Marcelo, acabou o namoro por pressão dos pais dela que viam a hora da filha morrer num acidente, e talvez tivesse morrido mesmo. Os pais da Bia foram responsáveis, brigaram feio com a filha, mas para o bem dela. E você, mamãe, o que foi que disse, hein?! Lembra?! – "Meu filho, a Bia não estava à sua altura. Você pode ter a mulher que quiser... Você é jovem, bonito, vai ser um médico... Vá curtir a vida". Pois bem, foi a vida quem curtiu com ele, e agora a culpa é de Deus?! Eu te odeio por ter que dizer isso e dessa forma. Tá doendo muito em mim olhar para você, minha mãe, que perdeu um filho, e ter que dizer tudo isso.

– Pare, sua infeliz – gritou Sílvia pulando em direção a Amanda e, em seguida, lhe dando uma tapa no rosto.

– Pare você! – disse Valter, puxando Sílvia. – Ela está certa! É por isso seu ódio, seu rancor. Admita, nós falhamos, o Marcelo falhou. Nós é que somos os culpados, nós!

– Não, não, não! – nesse momento, Sílvia caiu dos braços de Valter em direção ao chão.

Todos estavam exaustos, e Valter, Amanda e Cássio estavam chorando também. Quando Sílvia retornou, ainda com ironia, disse para Amanda:

– Você deve estar feliz porque seu irmão morreu. Aliás, vocês dois, eu não vi nem você nem Cássio expressarem sentimento de perda.

Nesse momento, Cássio falou:

– A senhora é muito injusta, era e continua sendo. Eu e Amanda sabemos de nossa dor, das muitas vezes que compartilhamos juntos nossa saudade, mas no início não deixamos transparecer para não lhe afetar ainda mais. Ele era meu melhor amigo – disse Cássio em meio às lágrimas, e trincando os dentes como quem se sente injustiçado, ele continuou:

– Sempre fui ensinado pela senhora e pelo papai a viver cada momento, a aceitar a vida como ela é, e de cada experiência tirar o melhor ensinamento. Quando meu irmão morreu, eu me perguntei: – Que porcaria de ensinamento eu vou tirar dessa história? Como alguém pode aprender com uma dor tão grande e seguir a vida depois disso? Aí, eu pensei que eu não tinha alternativa a não ser aceitar e viver aquela dor.

Durante as primeiras semanas, após sua morte, eu me permiti sentir toda dor, toda miséria que se abateu sobre nossa família. Eu comecei a escrever para meu irmão. Nas cartas que fiz para ele, eu falava o quanto sentia falta dele e o quanto eu estava irado com ele por ter feito isso com a gente. Hoje, não é que eu não tenha deixado de sentir dor, ela ainda existe, mas com o tempo, ela perdeu o seu poder sobre mim. E isso só foi possível porque eu vivi a dor no momento exato, mesmo quando era tristeza em toda sua profundidade, eu fui espontâneo em minhas lágrimas, mas elas finalmente cederam, pois o momento das lágrimas já passou.

Amanda continuou, após a pausa dada por Cássio:
– Mamãe, eu sei que muitas pessoas fogem da dor quando perdem alguém que amam. Elas abafam o som estridente do vazio, entorpecendo os seus sentimentos das mais variadas maneiras. Muitas delas simplesmente se recusam a falar sobre o que aconteceu, o que só provoca mais dor, já que ela não é assumida. Depois de algum tempo, eu não deixei de sentir falta de meu irmão, o buraco dentro de mim ainda está aqui. Está todas as vezes que sei que ele não estará no meu baile de formatura, não vai mais disputar o computador comigo e não vai mais tirar onda da minha cara sempre que eu estiver apaixonada por algum menino. E quando ele ria de mim por sentir medo de filme de terror e chorar até quando assisti ao *Procurando Nemo*. Sua ausência a cada festa de Natal ou de fim de ano, nas fotos em que ele não estará mais lá, enfim... Esse tempo que passou me

ensinou que eu não tenho o poder de transformar a tristeza em alegria, mas tenho que seguir em frente, e a maior homenagem que posso fazer a meu irmãozinho – já falando entre lágrimas –, é viver plenamente a vida como ele vivia, mas com a maturidade que ele não teve tempo de alcançar... Queria só dizer que é muito duro ter que falar tudo que eu falei, está doendo muito em mim o que acabei de fazer, mas talvez um dia você me entenda.

\* \* \*

Pode parecer que Amanda fora injusta com a mãe e que ela não tinha o direito de dizer tudo aquilo. Pode parecer que ela não gostasse da mãe e por isso aproveitou-se do momento para desferir nela um golpe cruel. Mas, na verdade, Amanda, ao agir daquela maneira, mostrou o quanto amava Sílvia. Àquela altura dos acontecimentos, somente uma atitude corajosa poderia despertar Sílvia da letargia e da nulidade a que havia se entregado. E à morte do seu irmão, de certa forma, estava a irresponsabilidade dos seus pais.

Muitos pais, é bem verdade, têm necessidade quase patológica de proporcionar aos filhos o que não tiveram, como forma de se compensarem de suas próprias vidas. Muitos dos pais de hoje são pessoas que sofreram privações materiais no início de suas vidas, um aspecto que não os impediu de lutar e vencer, muito pelo contrário, essas privações serviram-lhes de estímulo para crescer e superar tais obstáculos.

Acontece que essas limitações fizeram e fazem parte do processo de crescimento de muitas pessoas que, lamentavelmente, não percebem isso e, após alcançarem seus sonhos, fazem o possível para que os filhos não passem por nenhuma dificuldade. Pensam que evitando dores, decepções, limites e frustrações que, no final das contas são fundamentais para o fortalecimento do indivíduo, farão seus filhos mais felizes.

Dessa forma, esses pais não impõem limites aos filhos, tornando-os irresponsáveis e com um deficitário senso de causa e efeito, ou seja, esses jovens não conseguem compreender as consequências de suas atitudes e, então, sentem-se invulneráveis.

Mas, o discurso de Amanda não tinha por objetivo apontar culpados ou agredir sua própria mãe. Queria apenas despertá-la, ao mesmo tempo que, ante as fortes verdades ditas, obrigava a mãe a rever sua postura diante de Deus.

Para Amanda, a mãe só conseguiria suportar e superar o luto saindo da posição de vítima do universo, em que havia se colocado, ao mesmo tempo que resgataria a percepção da divindade em sua vida.

Devolver à mãe parte da responsabilidade do que havia acontecido a obrigaria a rever sua postura diante da vida e de Deus.

Mas, o que chama atenção é quanto comumente nós debitamos à divindade as tarefas que são nossas. As expectativas que depositamos em Deus vão além, não de suas potencialidades que são infinitas, mas além do que é justo e do que merecemos. Lembremo-nos do homem Jesus quando disse: "Faze a tua parte que o céu te ajudará".

Na discussão, a questão que Amanda trouxe à tona referia-se às responsabilidades de sua mãe, de ter feito a parte dela. Parecia que em alguma medida não, e por isso culpar Deus era uma fuga, uma negação de suas responsabilidades e do próprio filho, na tragédia familiar. A frase poderia ser: *O céu vai ajudar você a fazer a sua parte*, mas não. Há uma clara solicitação de que façamos a nossa parte primeiro.

Ao assumir sua responsabilidade, Sílvia poderia seguir em frente, corrigindo percursos, reiniciando sua vida a partir dali. Muitas vezes, a visão infantil em torno da função de Deus em nossas vidas vem ou de uma forma equivocada de compreensão da divindade ou até mesmo de um erro de tradução que compromete o nosso entendimento. Um desses erros observa-se na tradução do Salmo 23: "O Senhor é meu pastor; **nada** me faltará". Na verdade, a tradução correta é: "O Senhor é meu pastor; **não** me faltará". Esse pequeno equívoco parece ser uma bobagem, mas faz toda diferença. Quando acreditamos que **nada** nos faltará, achamos que teremos sempre o melhor, a felicidade infinda, a vitória certa, sempre baseados em nossa estreita visão material do mundo, mas quando acreditamos que Deus **não** nos faltará, passamos a perceber que tudo pode faltar: dinheiro, conforto, sucesso, menos Deus. Com Ele ao nosso lado, aprenderemos a suportar todas as demais faltas da vida.

Sílvia achava que um filho jovem e bonito, tão promissor, como pensava ela, não poderia faltar. Era invulnerável às suas escolhas irresponsáveis de jovem que dirigia em alta velocidade, completamente embriagado, como se as leis do universo tivessem de ser alteradas para se adaptar aos caprichos de seu filho.

Perdoar a Deus, portanto era uma necessidade de Sílvia, até para poder compartilhar do conforto e da consolação do reencontro. A eternidade, que nos caracteriza a certeza do reencontro com as pessoas amadas, é o único lenitivo capaz de consolar a dor da separação. Em sua ira contra Deus, Sílvia não se permitia usufruir dessa certeza/promessa que nos é oferecida pela Divindade.

Fazer a nossa parte é sempre uma necessidade de nossa alma. Quanto mais maduros ficamos, mais percebemos a importância das escolhas que fazemos em nossas vidas.

Que benefício traria um pai ao filho se ele fizesse as provas pelo filho, se aprendesse a andar pelo filho sem permitir que ele caísse para aprender? Nenhum. Por isso, há um momento bastante interessante da vida de Jesus que nos chama atenção sobre nossa responsabilidade, sobre nossa parcela de contribuição. Um feito do Cristo, descrito no Evangelho de João, deixa bem clara a nossa responsabilidade. Narra-se a história de Lázaro que havia morrido. Quatro dias após seu sepultamento, Jesus foi visitar Marta, irmã de Lázaro.

Para mais compreensão desse evento se faz necessária uma rápida contextualização daquele momento na vida de Jesus. Ele estava com 32 dois anos e já havia realizado muitos prodígios: transformado água em vinho, curado cegos e leprosos, multiplicado pães e peixes, de forma que havia grande expectativa em torno de sua visita. De certa forma, as pessoas esperavam que ele fizesse novo prodígio e chegaram mesmo a dizer: "Não podia ele, que abriu os olhos dos cegos, fazer também que este (Lázaro) não morresse?" (João: 11,37).

Diante do local, onde Lázaro havia sido sepultado, havia uma pedra enorme, comum naquela região e que tampava as catacumbas. Chegando lá Jesus disse: *Retirem a pedra*. E depois: *Lázaro, vem para fora!* Lázaro saiu todo enfaixado e com um véu no rosto, como costumeiramente naquela época se envolviam os mortos. Então, Jesus disse ainda: *Desatai-o e deixai-o ir*.

Imaginemos o espanto daquelas pessoas ante o que acabavam de presenciar, mas imaginemos ainda os questionamentos de muitos dos que ali estavam e estranharam o fato de Jesus ter ressuscitado Lázaro, mas não ter nem tirado a pedra da frente da catacumba nem desatado os nós das ataduras que o amarravam. Em nossa soberba exigência queremos sempre serviço completo, esquecendo sempre de fazer nossa parte.

Cabe-nos, portanto, perguntar por que Jesus assim procedeu, e a resposta parece óbvia. Dos muitos homens e mulheres que ali estavam, quem poderia tirar a pedra e desatar os nós? Qualquer um dos homens e mulheres presentes. Mas, quem poderia fazer Lázaro se reerguer? Apenas o Cristo. O que Jesus, em sua imensa sabedoria, quis ensinar com essa atitude? Que a nossa parte, aquilo que nós podemos fazer por nós mesmos, não é tarefa da divindade. Deus não se move, onde o homem pode manifestar seus próprios recursos. Somos nós que colocamos pedras em nosso caminho e damos os nós em nossas vidas, e somos nós que devemos retirá-los. Podemos até cansar e, parafraseando Carlos Drummond de Andrade, fazer um poema: Havia uma pedra em nosso caminho, em nosso caminho havia uma pedra. Contudo, devemos retirá-la, agir, responsabilizarmo-nos.

\* \* \*

Amanda, ao responsabilizar a mãe, em alguma medida, não queria fazê-la experimentar um destruidor sentimento de culpa, mas levá-la à condição de assumir, conscientemente, suas escolhas. Portanto, em vez de culpa, responsabilidade para com as novas atitudes diante da vida.

Sílvia tinha que repensar a vida até então. Perdoar Deus e se responsabilizar por suas ações lhe traria muita maturidade.

Passados dois meses, Sílvia estava um pouco distante de sua filha Amanda, depois daquela dura discussão, no entanto, havia reagido. Voltou a trabalhar, guardou as fotos do seu filho que estavam espalhadas em quase todos os cantos da casa, deixou de chorar, enfim seguiu em frente. Após aquela experiência, sua relação com Deus passou a ser intensa, não mais automática, e uma de suas ações práticas foi criar um grupo de oração para atender às mães que perderam filhos, algo que ela entendia concretamente.

Contudo, restava a Sílvia uma última tarefa a realizar a fim de recuperar sua paz: pedir perdão para Amanda que, num gesto de amor, havia despertado nela a vida. Certa noite, durante um jantar em família, ela entregou um cartão para a filha em que havia os seguintes dizeres:

*Minha filha querida. Quando seu irmão morreu tudo o que eu queria era morrer naquele dia, para não ter que sentir aquela dor tão sufocante. Depois que vi que não morria pensei que não seria justo voltar a sorrir, pois seria como se eu o desprezasse, não se importasse com sua falta.*

*Você falou de minhas culpas, mas não fique angustiada, pois você estava certa, e eu sabia disso, foi por esse motivo que me puni violentamente, me enterrando viva, sem perceber que ao fazer isso eu estava fazendo novas vítimas: seu pai, seu irmão e você. Eu agora estou tentando dar novo significado a tudo que aconteceu, inclusive, a forma como vivencio minha saudade.*

*Ao criar o grupo de oração e reunir outras mães que perderam seus filhos, tenho tido um alento, tanto eu quanto elas, pois ao compartilharmos nossas histórias, mantemos nossos filhos vivos, lembrando do sorriso deles, dos bons tempos, e até das traquinagens, desobediências e do trabalho que eles nos deram.*

*Quando tá doendo muito, eu não transmito mais para vocês a minha dor, eu ligo para uma das mães do grupo e falamos sobre nossos filhos, choramos, reconhecemos a perda que temos em comum, dando o espaço que ainda precisamos para nossa dor, nossa saudade, o que nos faz sentir bem melhores depois, de forma que terminamos o telefonema falando de outras coisas da vida, até da novela, você acredita?*

*Logo após a morte de seu irmão e, nesse tempo de amargura, me fixei numa única lembrança, sua morte, e me esqueci de celebrar e agradecer todos os 18 anos que Deus me permitiu viver ao lado dele. Por isso, nós combinamos, as mães do grupo, de frequentar os lugares que frequentávamos com nossos filhos, lugares que antes evitávamos.*

*E começamos indo aos restaurantes que costumávamos ir com eles. Pedimos os pratos prediletos de nossos filhos. Seu irmão adorava sushi, lembra? Pode parecer estranho, mas isso nos fez sentirmos melhores, rimos e choramos. Acho que as outras pessoas pensaram que fazíamos parte do filme 'A Gaiola das Loucas'. Enfim, estou tentando voltar a viver e a sorrir, e muito disso devo a você.*

*Minha querida filha, Marguerite Yourcenar nos diz que '... o nosso verdadeiro lugar de nascimento é aquele em que lançamos pela primeira vez um olhar de inteligência sobre nós mesmos'.*

*Obrigada por ter me feito renascer. Perdoe-me por minha mágoa diante da dor que esse parto provocou, mas saiba que hoje eu a amo mais do que nunca e que tudo que mais desejo é abraçá-la.*

Amanda, após ter lido o cartão, olhou para a mãe com olhos cheios de lágrimas e a abraçou longamente. Todos que presenciaram a cena não precisaram ler o cartão para saber o que havia nele. Havia amor, havia perdão, havia vida novamente...

Konstantin Yuganov | Fotolia

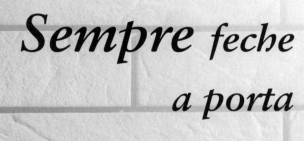

> *Quando você perdoa, de forma alguma você muda o passado, mas com certeza você mudará o futuro.*
>
> BERNARD MELTZER

\* \* \*

— Essa é uma caixa preta que não sei se suportarei abrir. É uma história que me assombra de diversos modos. Nela, ora sou vítima ora sou participante de um crime que deixou marcas profundas dentro de mim. Eu sei que preciso lhe falar sobre isso, mas, ao mesmo tempo, sinto que há uma dor imensa, contida a muito custo até hoje, terá que sair e não sei se vou suportar... Sinto que talvez, no final dessa jornada, eu possa finalmente ter vida, mas e se eu não aguentar até lá?

— Eu não tenho como lhe garantir nem prometer que você não irá sofrer. A bem da verdade, é certo que quando mexemos em histórias passadas, com forte teor emocional, uma reviravolta afetiva passa a tomar conta de nosso eu. Só posso lhe garantir uma coisa, seja lá qual for essa história, você deve ter passado por tudo isso até aqui sozinha, mas agora, na travessia que você vai fazer, estaremos juntos, isso sim eu posso lhe prometer.

E foi assim que Fernanda começou sua primeira sessão de psicoterapia, após anos seguidos de sofrimento silencioso. Até ali, a vida tinha sabor de cinza, pois o colorido das emoções não se fazia presente em sua vida. Ela descrevia os dias como ruins, muito ruins e péssimos, com variações imperceptíveis, sendo os dias dos últimos anos os melhores ou ao menos não doía estar viva, apenas tinha que cumprir com suas tarefas cotidianas e isso ela sabia fazer.

Aos 32 anos, Fernanda era solitária. Poucos amigos, nenhum namorado sequer, embora tivesse tido alguns, mas não conseguia levar adiante seus relacionamentos.

Desconfiança de tudo e de todos era sua característica mais marcante, mas nem sempre foi assim.

Fernanda, igual a maioria das crianças, era alegre e feliz. Não tinha uma família financeiramente abastada, no entanto, em sua vida de criança isso não tinha peso significativo. Afinal, com pouco, ela se divertia e se satisfazia, mas o bom mesmo eram as férias! Sim, porque ela sempre ia para casa de uma tia que morava em Vitória, no Espírito Santo. Essa tia tinha uma vida muito boa e recebia os familiares em férias no seu apartamento confortável, à beira-mar.

Para Fernanda e para as demais crianças da família, o apartamento da tia Vivi, como era carinhosamente chamada, era um verdadeiro parque temático. TV por assinatura, uma área de lazer enorme com piscina, e ainda o mar. Comidas gostosas à vontade, não tinha que pedir nem economizar, era só pegar e comer. Nos fins de semana: shopping, cinema, e tudo que faz a alegria de qualquer criança. Estar lá sempre foi tão agradável que servia de estímulo para que ela passasse o ano estudando e tirando as melhores notas, pois o prêmio viria depois, ir para a casa da tia nas férias.

Vivi era um ser muito especial. Além de proporcionar para a família esse conforto, era muito doce, amável e cativante. Fernanda gostava muito da tia. Acontece que, em muitos momentos, Fernanda sentia amar mais a tia que a própria mãe, que era uma pessoa seca e amarga. Por isso, ir para Vitória nas férias significava, entre outras coisas, não apenas usufruir do conforto e diversão, mas sobretudo do afeto de tia acolhedora e amorosa.

As três primas, filhas de Vivi, eram do mesmo jeito que a mãe, e a convivência com elas sempre muito agradável, apenas o esposo de Vivi, Pedro Marcelo, um juiz federal muito ocupado e estressado, é que não dava muita assistência aos visitantes, porém os deixava à vontade e era cortês, não obstante fosse sempre um sujeito sisudo, de poucas palavras.

Ele raramente estava em casa, mas quando estava, Fernanda sentia-se menos livre e olhava para ele com certo medo.

Os anos se passaram, e Fernanda já estava com 11 anos, já uma mocinha, adquirindo as curvas de uma mulher. Em janeiro, como de costume, foi para Vitória. Tudo como sempre: shoppings, diversão, uma tia carinhosa e doce, a única coisa diferente foi que naquele verão, Pedro Marcelo, o marido de Vivi, estava mudado. Mais simpático, brincalhão com Fernanda e sempre lhe perguntando o que ela queria fazer. Passou a dar uma mesada para ela, do jeito que fazia com as filhas, e a ser atencioso como nunca até então tinha sido.

Essa nova atitude de Pedro Marcelo mexeu profundamente com Fernanda, afinal a figura paterna era ainda algo muito mal resolvida em sua vida.

Seu pai, muito cedo, desapareceu deixando a mãe em dificuldades financeiras e com três filhas: uma com 11 anos, Marta, sua irmã mais velha; ela com seis; e a caçula Isabel, com cinco anos.

Foi na máquina de costurar, madrugadas seguidas, que Dona Maria do Carmo criou as três filhas, com muita dificuldade. Isso a tornou uma mulher amarga e ríspida. Ocupando os dois papéis, de pai e mãe, ela se tornou muito dura e exigente.

A primeira vez que Fernanda se referiu à sua mãe na terapia, resumiu sua imagem na seguinte descrição:

– Minha mãe sempre foi infeliz. Não me lembro dela dando um sorriso sequer. Esse jeito dela afetou muitos aspectos de minha vida. Ela hoje vive só, pois sempre conseguiu afastar todos ao seu redor com sua estupidez e reclamação compulsiva. Ela reclama tanto, de tudo e de todos, que tanto eu quanto minhas irmãs nos sentimos culpadas até pelo ar que respiramos.

Essa mãe amargurada e sem afeto fazia Fernanda sentir falta do pai ou de um pai qualquer que fosse, para compensar a falta do pai e a figura amarga de sua mãe. Por isso, a nova atitude de Pedro Marcelo encantou Fernanda, uma vez que, de imediato, ela viu nele um pai substituto, do mesmo modo que via na tia uma segunda mãe.

Certa vez, ela percebeu quando a tia olhou com estranheza para aquela atitude do marido, mas não comentou nada específico com ela nem mudou o comportamento. Então, Fernanda ficou tranquila. Achou apenas que Pedro Marcelo estivesse mais doce porque estava gostando dela feito uma filha.

Na segunda semana daquele janeiro, Fernanda, perfeitamente à vontade na casa dos tios, brincava com as primas e o tio que já a colocava no colo. Ela estava encantada! Na sua cabecinha de criança, ao menos no mês de janeiro de cada ano ela teria uma família perfeita, uma tia e um tio carinhosos, uma vida confortável e cheia de brincadeiras. Durante o jantar, o tio Pedro Marcelo sugeriu que ela fosse fazer a quinta série – assim se chamava o primeiro ano da segunda fase do ensino fundamental nos anos 80 – lá em Vitória e ficasse morando com eles. Os olhos de Fernanda brilhavam só de se imaginar morando ali com aquelas pessoas. A tia e as primas não fizeram objeção, muito pelo contrário, apoiaram a ideia.

Naquela noite, Fernanda mal conseguia dormir! Estava tomada por um misto de euforia e felicidade intensas.

– Mas... – dizia para o seu terapeuta: – É, Doutor, parece que a vida tem sempre um "mas", pois foi naquela noite, que parecia ser a mais feliz da minha vida, que tudo se desmoronou...

Ela não conseguiu continuar a narrativa. Um choro inicialmente contido foi ficando cada vez mais forte, até que soluços e tremores começaram a tomar conta dela.

Em meio à narrativa de Fernanda, pela experiência que Jorge, seu terapeuta, tinha, já dava para perceber o desfecho da história, mas ele não podia interrompê-la ou facilitar sua narrativa. Ela tinha que trazer aquele conteúdo doloroso à tona, pois a forma como ela narrava, realçava ou encobria cada detalhe, era extremamente importante para o trabalho da terapia.

Após tentar se recompor, mas ainda chorando e soluçando, Fernanda continuou sua narrativa:

– Tio Pedro entrou no meu quarto, e eu fiquei ainda mais feliz, pois achei que ele iria fazer como fazia com minhas primas, me cobrir e dar um beijo de boa noite. Eu pensei que ele tivesse visto a luz acesa no meu quarto e vinha me perguntar por que eu ainda não havia dormido. Só que ele entrou e fechou a porta e aí alguma coisa em mim fez meu coração acelerar, eu sentia que algo estava errado. O olhar dele era diferente. Eu nunca tinha visto alguém olhar para mim daquele jeito. Ele não me olhava com carinho, nem nos meus olhos. Ele olhava para mim, todinha, entende? Dos pés à cabeça. Eu fiquei imóvel, e ele se sentou na cama e colocou o dedo indicador na boca, fazendo o conhecido gesto de pedido de silêncio.

– "Você gosta do tio, Fernanda?" – ele me perguntou.

Apenas balancei a cabeça confirmando.

– "Titio também gosta muito de você e nós podemos fazer muitas coisas boas juntos". A essa altura, as mãos dele já alisavam minhas pernas e o resto você pode imaginar. Nos dias seguintes, a cena se repetiu só que as carícias foram ficando mais pesadas até que...

Nessa hora, Fernanda mais uma vez interrompeu a narrativa e chorou como alguém que, assustada, pedia no olhar misericórdia. Não era um pedido de socorro que o olhar dela transmitia, mas de clemência. Não era um olhar de ódio ou de vítima, mas um olhar de culpa que Jorge bem conhecia das vítimas de abuso. Então, ao encontrar a acolhida no olhar do terapeuta, continuou a narrativa:

— O pior é o que vou lhe contar agora. Isso é que me faz sofrer mais e me torna diferente de todas as pessoas que passaram por isso. Para as poucas pessoas com quem já falei sobre ter sido abusada, sem dizer quem tinha feito isso para não comprometer minha família, sempre existiu uma parte da história que eu não contei, pois foi difícil admitir algumas coisas para mim mesma. Imagine admitir para outras pessoas. Eu penso que quando eu lhe contar, você vai ficar espantado e vai ter nojo de mim. Eu mesma tenho nojo de mim.

— Não pense, Fernanda! Fale e veja minha reação, talvez se surpreenda e não seja do jeito que você espera.

— Quando ele me tocou mais intimamente, meu corpo reagiu àquele toque e uma sensação física gostosa tomou conta de mim, eu nunca tinha sentido aquilo e, embora eu estivesse afogada numa angústia emocional terrível, uma parte de mim, meu corpo, gostava daquilo...

Pausas e mais choro. Cabeça baixa, vergonha, humilhação. Naquele momento, Jorge não sabia se a interrompia ou a deixava continuar o relato. Ele optou por pedir que ela olhasse para ele, e sem demonstrar qualquer recriminação, apenas expressou ternura e acolhimento. Em seguida, convidou-a a continuar a narrativa, pois, por mais doloroso que fosse, era importante que tudo fosse dito.

– Eu sou um monstro! Eu gostei. Eu devo ter provocado, acho que foi culpa minha. Durante muito tempo achei que ia ser uma prostituta!

A essa altura, a narrativa já era feita com raiva.

– É isso! Só uma prostituta gosta disso com 11 anos de idade! À noite, eu temia que ele entrasse no meu quarto, ficava com pavor de tudo se repetir e, ao mesmo tempo, queria sentir aquilo tudo novamente. Logo depois, ele começou a pedir que eu tocasse o pênis dele, só que eu tinha nojo! Então, ele me dizia que se eu gostava do que ele fazia em mim, eu também tinha que fazer nele. Terminamos o mês de janeiro nesse jogo de horror e de vontade. Passei a ficar mais quieta, sem vontade de brincar, o que levou minha tia a me perguntar se eu estava bem. E ele, cinicamente, ao chegar me tratava igual a uma filha, na frente de minha tia, mas à noite... Por que eu não fechei a porta, por quê?

Mais choro, mais dor. Mais uma alma dilacerada pela estupidez, pela insensatez de um ser humano que não avaliou o efeito destrutivo de seus gestos. Uma cena que Jorge sempre vê se repetir em seu consultório.

E continuou Fernanda:

– Nunca mais eu voltei a Vitória. Nunca mais fui para lá, e ninguém entendeu. Desde então, aprendi a odiar meu corpo, afinal, como você pode perceber, eu agi feito uma prostituta, não foi?

— Fernanda, você tem certeza de que acredita nisso, que você agiu feito uma prostituta? Você quer minha absolvição, que eu diga que você não teve culpa? E se eu disser, isso muda alguma coisa?

— Se você disser que sim, que eu agi feito uma prostituta, eu já sei como lidar com isso, afinal, é assim que me sinto e me puno desde então. Acho que não sei o que vou fazer se você disser que não.

— Se eu disser que não, vai ser suficiente? Você vai acreditar e a partir daí ressignificar tudo que aconteceu?

— Sinceramente, acho que talvez não faça tanta diferença... Ou talvez faça... Afinal, você é um psicólogo, então, acho que não será uma mera opinião, entende? Pode ser que sim, que eu dê novo significado às coisas que aconteceram... Sei lá!

— Pois, então, vamos lá. Você pediu para ser abusada? Você tinha algum poder de impedir, com 11 anos, que um homem de 54 anos lhe manipulasse? Você tinha maturidade para lidar com aquilo e ver seus sonhos se desmoronarem, sonhos de finalmente ter uma família, um pai e uma mãe carinhosa igual à sua tia Vivi? Você tinha como, depois de uma noite de horrores que passou, simplesmente, chamar sua tia e contar tudo o que havia acontecido? Você acha que o corpo humano não reage a estímulos? Que se você tocar nos órgãos sexuais de uma criança, que é uma região extremamente vascularizada e preparada para ter prazer, ela não vai sentir algo agradável?

Que o abusador, sabendo disso, pois é adulto, usa isso para prender suas vítimas num jogo de culpa e prazer? Fernanda, você não teve culpa! Você está me entendendo? Não teve culpa, você foi abusada física e emocionalmente. Ter sentido prazer com a estimulação é algo muito comum, e a grande maioria das vítimas de abuso passam a desenvolver esse sentimento de culpa. Isso não quer dizer que você queria ser abusada. Ocorre que esse sentimento seu de culpa só torna tudo muito mais traumático, mais doloroso. Ele lhe manipulou fisicamente, fazendo o mesmo com suas emoções, para lhe manter submissa ao abuso.

Ainda chorando, ela ergueu finalmente a cabeça e disse:

– Acho que no fundo eu sabia disso, mas precisava ouvir de alguém. Mas, para ouvir, precisava revelar minha dor e tinha receio. Pode ter sido tarde, mas só agora eu consegui.

– É um clichê o que vou lhe dizer, mas não deixa de ser verdade: "Nunca é tarde, é sempre tempo de recomeçar". Você me disse que contou para algumas pessoas, quais foram?

– Para dois namorados, para que eles pudessem entender algumas coisas de meus receios e de como eu sou complicada. E para uma grande amiga, mas sempre parcialmente, sem detalhes.

– Depois de adulta, você nunca contou a ninguém da família?

– Eu tentei contar na infância, ainda, a uma tia minha mais jovem, irmã de minha mãe, que também passava férias lá e tinha 17 anos. Ela estava comigo no mês em que tudo aconteceu na casa de minha tia. Tentei contar no terceiro dia o que se passava, mas percebi que ela não me deixou falar, ficou nervosa e disse que todo mundo na vida passava por coisas horríveis, e que a gente tinha que ficar calada e suportar. Ela disse isso antes de eu conseguir dizer o que tinha acontecido, ela não me deixou mais falar. Depois, ficou o resto das férias me evitando e me vendo cada vez mais calada e isolada. Fiquei com a impressão de que ela sabia e nada fez, ou pior, que ela também tinha sido abusada, afinal, a vida dela hoje não é grande coisa, toma muito antidepressivo e é bastante complicada.

— Eu também tentei dizer para a minha mãe. Eu liguei chorando e ela estava com visitas em casa. Me perguntou o que era e eu disse que não era nada, mas ela percebeu meu choro e a voz de pânico. Foi aí que ela disse que bastava eu dizer o nome que ela saberia. Eu continuei calada, então, ela disse que iria dizer alguns nomes e que eu só precisava dizer sim ou não. Para meu espanto o primeiro nome que ela disse foi o dele. Era como se ela soubesse, e, por que não fez nada para evitar? Por que deixou que eu fosse ano após ano para a toca do lobo, sem ao menos me prevenir? Eu não tinha como dizer sim, que era ele. Eu estava com medo, ainda na casa dele, e tive medo do que minha mãe pudesse fazer, embora desejasse que ela fizesse alguma coisa, então, eu simplesmente desliguei o telefone. Por isso, nessa história, eu tenho mágoa de algumas pessoas, não somente dele, entende?

— Mas, me fale dessas pessoas e de sua mágoa para com elas.

— Primeiramente, dele, o monstro que ferrou com minha vida. Da minha tia Vivi, pois às vezes acho que ela foi omissa, pois nunca insistiu para que eu voltasse a Vitória nem me perguntou por que eu nunca mais quis voltar lá. É como se ela soubesse o que havia acontecido. Ela sempre me tratou e trata muito bem e, às vezes, acho que ela se sente culpada, mas nada fez ou faz a respeito. Mágoa de minha tia Nanda, com quem tentei falar, mas não quis me ouvir nem ajudar. Ela poderia ter me ouvido pelo menos, e se não tinha coragem de falar com minha tia ou confrontar o monstro, poderia ter dormido comigo no mesmo quarto para inibi-lo de entrar lá, e eu não teria que passar mais duas semanas sendo abusada. E da minha mãe que foi omissa desde o começo, pois ela sabia do comportamento dele antes que acontecesse e nem evitou que eu passasse por isso, nem me questionou a respeito, só no telefonema mesmo; depois disso, nada, nem uma palavra. É no mínimo estranho uma criança que adorava e contava os dias para passar as férias na casa da tia, tomar pavor ao lugar, não querer voltar lá, e a mãe não questioná-la a esse respeito, você não acha?

— Com certeza, você tem razão em estranhar o comportamento dessas pessoas, e acredito que sua relação com elas deva ser complicada.

— Sobretudo com minha mãe, que acho que deveria ter me defendido de algum modo. Minhas tias só as vejo nas festas de família. Assim também ele.

— Como você se sente?

— Hoje, ele tem 75 anos e é muito doente. Deve estar pagando o mal que fez... Às vezes, tenho pena dele. Ele não me encara, sabe o que fez! Certa feita, numa festa de réveillon, eu tinha acabado um relacionamento com uma pessoa maravilhosa por causa das minhas complicações e estava decepcionada comigo mesma, atribuindo muitas dessas culpas ao que tinha acontecido na casa de tia Vivi. Quando cheguei a uma festa de nossa família, fiquei encarando aquele monstro e ele começou a passar mal. Teve uma arritmia cardíaca. Achei que fosse fingimento, mas chamaram o SAMU e ele foi parar na UTI. Percebi, pela primeira vez, que se ele morresse isso não iria me fazer bem ou reparar o que aconteceu.

– Você quer fazer alguma coisa, hoje, como contar para as pessoas?

– Já pensei nisso e acho tarde. Isso só levaria minha dor para minhas tias e minha mãe, e não diminuiria a minha. Eu não quero gerar uma metástase afetiva na família, já basta o mal que isso me fez.

– Então, só uma coisa pode lhe libertar disso.

– O quê?

– Perdoar.

– Você quer que eu esqueça tudo o que aconteceu, que apague com uma borracha?

– Vou usar uma frase de Thomas Szasz, um psiquiatra húngaro: "O estúpido nem perdoa nem esquece, o ingênuo perdoa e esquece, o sábio perdoa, mas não esquece". Não há como esquecer, aliás perdão não é esquecer, mas o fato de não perdoar lhe deixa presa a ele. O ressentimento, e o próprio nome já diz, é ficar sentindo novamente o que aconteceu, perpetuando a dor. Mas, a primeira pessoa que você tem que perdoar não é nenhuma dessas quatro... Nessa hora, Jorge fez uma pausa, olhou fixamente para Fernanda, aproximou-se mais e disse:

– A primeira pessoa a ser perdoada é você. Se perdoe, pois você não teve culpa. Não tenha vergonha por seu corpo ter reagido, como o de qualquer ser humano, aos estímulos que ele provocou. Se perdoe por ter passado tanto tempo se torturando e se consumindo com essa dor. Se perdoe pelos relacionamentos que não deram certo. E se permita encontrar a paz! O mal que as pessoas nos fazem é objetivo. Ele lhe abusou, isso é objetivo, mas a forma como você vai significar esse ato na sua vida é subjetivo, ou seja, você pode escolher o quanto isso vai lhe fazer mal, se vai ser um infinito efeito dominó, em que todas as peças caem após a primeira, ou se você vai interromper e definir até quando e o quanto isso vai lhe afetar.

– Mas não é fácil!

– Eu sei. Mas não é impossível, e por mais doloroso que possa representar para você perdoar, manter o ressentimento tem um custo ainda maior. Você talvez não saiba o que o perdão vai lhe trazer, mas certamente já sabe o peso e a angústia que o ressentimento lhe traz. O preço de ser como você é hoje é muito maior do que a energia necessária para mudar.

– O que faço com a dor que ainda há em mim, com as inúmeras coisas que eu queria dizer a ele e a elas?

– Deixe-me pensar... Vamos fazer o seguinte, eu quero que você faça uma carta para ele e uma para cada pessoa envolvida. Coloque toda a sua dor. Traga-

-as para mim, para lermos juntos. Se você quiser entregar, lhe apoiarei na decisão e na repercussão que isso vai ter, qualquer que seja. Você já sofreu demais sozinha. Se não quiser entregar, vamos queimá-las depois, para exorcizar esse momento. Será como um ritual de iniciação de uma nova mulher que, como uma Fênix, vai ressurgir das cinzas do ressentimento, dos escombros emocionais e do pesadelo sombrio do passado.

Passaram-se várias sessões, até que as cartas apareceram. Era de se esperar. Escrever tinha um significado simbólico muito poderoso no processo, pois seria a materialização da lembrança. Cada palavra escrita rasgaria a alma para sair, mas o objetivo final era aquele, que a dor saísse; esse era o alvo, e era preciso paciência para esperar o parto, que embora doloroso, seria libertador. Escrever as cartas não teria funções mágicas de fazer desaparecer o que passou, mas servia de marco, de um ponto de inflexão, a partir do qual nova forma de viver a vida seria iniciada.

Depois de várias sessões, uma Fernanda ainda dolorida e chorosa chegou à sessão, em silêncio, com quatro cartas dentro de uma pasta, e sem olhar diretamente nos olhos de Jorge, entregou-as a ele.

– Aí está, pode ler.
– Eu preciso que você mesma leia, Fernanda. Leia como se eu fosse cada uma dessas pessoas, mas leia!

Ela resistiu. Olhou para seu terapeuta com espanto, boca aberta. Ele ficou em silêncio esperando que ela lesse. Após longo silêncio de ambos, ela começou:

*Ao Senhor Pedro Marcelo,*

*Não sei se você é assim por maldade ou por doença.*

*Sei que a maldade humana não tem limites, e você possui vários tipos de maldade, a exemplo do preconceito contra negros e pobres e do desrespeito em geral na forma como trata as mulheres. Mas, também sei que esse comportamento pode ser uma doença. Sendo assim, você poderia ter procurado tratamento, mas para isso, precisaria primeiro ter a consciência de que o que faz é errado, para depois procurar ajuda, se conseguisse procurar.*

*Sei que todos nós temos problemas, todos precisamos de ajuda e é muito difícil assumir isso. Sei que, mesmo assumindo e buscando ajuda, nem sempre conseguimos melhorar, mas temos que tentar.*

*Eu queria ser mais forte a ponto de conversar com você e lhe despertar a consciência que você talvez não possua ou tentar lhe ajudar na procura por ajuda profissional e encontrar, senão cura, ao menos o controle para esse comportamento, pois ele é danoso para outras pessoas, e tenho medo que ele continue se repetindo.*

*Mas eu sou covarde. Só quero esquecer tudo ou deixar tudo quieto, e seguir com a minha vida, pois, apesar de tudo, eu sobrevivi, acho que venci, acho que agora consigo levar a vida sem que isso me afete tanto.*

*Já não tenho sentimento de vingança, até porque a vida já se encarregou de fazer você pagar ao menos um pouco pelos seus erros.*

*Embora, minha tia também tenha tido que sofrer tanto, já cheguei a sentir regozijo assistindo à sua* desgraça. Hoje, às vezes, sinto até pena quando vejo a sua decrepitude.

Não sei se ainda te quero mal, mas não quero mais te fazer mal, embora tenha certeza de que bem eu não quero. O que importa é que hoje eu sou mais e bem maior que você, bem maior do que aquilo que você me fez.

Tia Vivi,
Quantas vezes eu me perguntava por que você 'deixava' acontecer, e a sensação que se instalava dentro de mim era assoladora. Como alguém que eu amava tanto e que dizia me amar tanto, a pessoa que mais deveria me proteger, por todos os motivos, deixava aquilo acontecer?

Ultimamente, ventilou-se a possibilidade de você realmente saber e, por isso, me compensava me amando tanto e cuidando tanto de mim, de todas as formas, até hoje. Quando não pode de um jeito, cuida de outro.

Eu já vi filmes e seriados terríveis sobre essa temática, e já cheguei a tentar imaginar você no lugar daquelas esposas omissas e coniventes, mas nem imaginar eu consegui, pois você não é assim.

Você é boa demais, generosa demais, inocente demais, de alma pura, limpa, de sentimentos generosos, de bom coração.

Você é uma das pessoas que eu mais amo e, hoje, com um pouco menos de imaturidade da minha parte, também uma das que eu mais admiro, e o meu amor é fruto de tudo de bom que você sempre me deu e continua me dando.

*E você me perguntou, não foi, quando eu decidi que não voltaria mais sozinha à sua casa? Nem eu mesma sabia que não voltaria mais... Eu já era grande, mas você me colocou no colo e perguntou por que eu estava indo. E eu não respondi. Eu já tinha 12 anos, e menti. Menti pra você, menti pra mainha, omiti para o mundo todo, omiti para mim...*

*Ter me lembrado da sua pergunta e da minha resposta evasiva me acrescentou uma culpa nova ou aumentou a anterior. Torturo-me pensando no que mais aconteceu e com quem mais depois de mim, e que eu poderia ter evitado. Temo por sua neta.*

*Mas sou fraca demais para fazer algo.*

*Tia Nanda,*
*Será que você sabia? Será que você viu o que aconteceu naquela noite? Será que aconteceu com você também?*

*Em meus momentos de raiva contra o mundo que, na realidade, eram de raiva contra mim mesma, quis culpar todo mundo, incluindo você, pelas minhas desventuras, não apenas no que se refere a esses acontecimentos, mas a tudo que não dava certo.*

*Mas a minha mágoa em relação a você, a única mágoa que tive de você, aliás, foi resultado da sua omissão e tudo que sofri em decorrência dela. Foi tudo o que você não fez e não me deixou dizer naquele dia depois daquelas noites infernais. Tenho certeza de que aquele será, para sempre, o pior momento da minha vida, e já tive alguns muito, mas muito ruins, de que ninguém tem conhecimento, mas nada se compara àquele.*

*Foi terrível imaginar que você pudesse saber de algo, sabe-se lá há quanto tempo, e pior ainda foi a forma como você não me permitiu pedir socorro, o que aumentou muito minha culpa, vergonha, como se o silêncio devesse ser guardado para sempre, afinal, 'todo mundo na vida passa por coisas horríveis! Temos que ficar caladas e suportar', segundo suas palavras.*

*Hoje, tento não levar em consideração nada de ruim do que aconteceu naquela noite, inclusive sua omissão. Pode ter certeza de que a sua intenção foi me fazer acordar para a vida, me tirar da redoma, me jogar na realidade, me fazer crescer e ser independente... Pode até ter funcionado, mas não me tornou uma pessoa melhor, se assim era o seu desejo e, sem sombra de dúvida, me deixou muito mais infeliz.*

*Nunca falei nada por vergonha, mesmo que não precisasse ter, por culpa, mesmo que eu não tivesse, por fraqueza e covardia que, com certeza, tenho, mas, principalmente, porque sei que saber do meu sofrimento causaria um sofrimento talvez maior ainda a você, à mainha e à tia Vivi.*

*A dor de quem amamos nos dói mais do que a nossa própria, não é? Assim, tentei evitar mais dor às pessoas que já sofreram tanto na vida.*

*Então, só tenho que agradecer pelo silêncio cúmplice que tivemos todos esses anos, pois sei que, ao quebrar o meu, você talvez quebrasse o seu, não relativo a mim e ao que você talvez soubesse naquela noite ou soube por outras pessoas, mas ao que pode ter acontecido com você também, e saber disso me causaria mais sofrimento que o meu próprio.*

*Ao final, acho que quem eu mais tentei proteger foi eu mesma, não foi?*

*Mãe,*
*Por muito tempo, quis atribuir culpa a você.*
*Depois, passei a usar o sistema de compensação: você não foi a mãe perfeita, eu não sou a filha perfeita.*
*Mais tarde ainda, ao saber mais sobre sua história, sua vida, passei a desculpá-la por todas as omissões, a falta de cuidado, de proteção.*
*Você não tinha condição nenhuma, nem psicológica nem emocional de me proporcionar o que eu precisava. Mas, você tentou.*
*Quando eu liguei pra você, dizendo que queria ir embora, você disse que ia me perguntar por que eu não queria ficar lá, por causa de quem, que você diria o nome da pessoa e eu apenas responderia sim ou não, pois todos estavam olhando na sala, ouvindo a conversa, e eu tinha que disfarçar sobre o que estávamos conversando.*
*O primeiro nome que você citou foi o dele. Às vezes, me pergunto se você já sabia ou desconfiava e aí me vem a raiva de novo. O fato é que você perguntou e eu não respondi o que realmente era. Mas você sabia e não fez nada. Não deveria nem ter me deixado ir para lá, nunca. Todavia, sei que você também não podia me defender, afinal, você nunca se defendeu, sempre se abandonou, não poderia ser diferente comigo.*

*Sejamos cúmplices, silenciosas de nossa dor, de sua dor, de minha dor e da dor que no fundo acho que você sente por não ter feito nada por mim em relação ao que aconteceu.*

— E, então, como se sente? — perguntei-lhe.

— Sinceramente, escrever essas cartas me ajudou. De alguma forma, eu materializei o que sempre pensei e "disse" a cada um dos personagens o que gostaria de ter dito e questionado. Foi dolorido escrevê-las, como lê-las para você agora também está sendo. Mas, acho que essa história tem que terminar do jeito que começou, no silêncio do meu eu. Até porque a resposta que eu tive foi a mesma que eu teria se tivesse enviado.

— Qual?

— O silêncio, afinal, de alguma forma, essa foi a resposta que sempre me foi dada todo esse tempo e eu sofri muito por querer ouvir algo. Algo que desse significado ao absurdo do que aconteceu e principalmente apaziguasse a minha culpa. Mas, a metralhadora de perguntas que você me fez da primeira vez que vim aqui, e que percebi que você não queria uma resposta pronta, me obrigou a refletir seriamente em algo lógico, mas que o medo, o pavor e o ressentimento não me deixavam perceber claramente.

Fernanda fez uma pausa, como alguém que está ansioso para que o outro pergunte e ele demonstre que conseguiu aprender a lição. E Jorge, sabendo disso, fez a pergunta tão desejada de forma solene, valorizando o achado e a conquista que estava por ouvir.

— E o que foi que você percebeu?

— Uma criança abusada é sempre uma vítima! Ela nunca é coautora de um crime que jamais quis cometer, mesmo que seu corpo, nos automatismos que lhe são próprios, tenha reagido a isso. Isso não quer dizer, como você me fez ver, que eu quisesse aquilo. O que eu queria era uma família normal, uma mãe carinhosa, um pai atencioso. Nessa minha busca infantil, tia Vivi e ele, aparentemente, preenchiam essa lacuna. Mas, uma vez que a vida não lhe dá certas coisas, ou você passa anos esperando dos outros isso e nunca, mas nunca terá, ou você luta e se dá, de alguma forma, algo que somente você pode se dar. Acho que minhas outras relações deram errado porque sempre busquei uma substituição do que me faltou. Mesmo depois do abuso, eu continuei acreditando que algum homem pudesse vir a ser o pai que nunca tive. Ledo engano. A primeira tentativa de buscar isso me custou caro e se arrastam com juros até hoje. Eu sei que não é mágica, mas estou decidida a seguir minha vida e a não deixar que aquelas noites horríveis de 21 anos atrás ainda se arrastem e me maltratem mais do que já me maltrataram. Então, agora, o que eu quero é que você me ajude a perdoar.

– O perdão é um processo.

– Então, me ajude a dar o primeiro passo.

– Ele é o mais difícil, mas você já deu.

Com certo ar de espanto e alegria, Fernanda lhe perguntou:

– Dei? Qual foi?

– Você renunciou ao desejo de vingança, o que lhe manteria ainda mais presa a tudo e a todos. Só os fortes fazem isso.

– Qual é o próximo passo?

— Você também já deu o segundo passo.

— Qual?

— Se perdoou de uma culpa que você nunca, jamais teve, em nenhum momento sequer.

A alegria no rosto de Fernanda era explícita, parecia uma criança que finalmente encontrava alguém para reconhecer sua dor e seu esforço, e as lágrimas se misturavam a um sorriso.

— Você ainda fez mais: se compadeceu de seu algoz, se colocou no lugar de suas tias e mãe, e as viu por vítimas também. É preciso ter grandeza para sair do próprio ego, da própria dor, para enxergar a dor do outro, ou melhor, antever a dor do outro e evitá-la, como você fez.

— Qual o próximo passo?

— Se permitir ter paz de espírito. Você passou tanto tempo em guerra, numa guerra silenciosa e solitária, que vai precisar aprender a ter paz, a deixar a vida falar nos gestos de hoje, sem imaginar que a vida de hoje tem que estar condenada e eternamente contaminada pelo passado.

— Hoje eu me sinto bem mais leve, sabe... Eu ressignifiquei muita coisa. Não só a mim mesma. Ressignifiquei as outras pessoas envolvidas também — minha mãe, minha tia, até mesmo ele.

— Eu percebi isso nas cartas que você escreveu. Mas, num primeiro momento eu achei que elas não dimensionavam a sua dor. Você ainda estava muito presa e contida. Depois eu comecei a aventar a hipótese de que você já escreveu essas cartas num momento de mais leveza. O que você acha do que te disse agora? Qual das opções está correta?

– Na verdade, realmente quando você me pediu para escrever aquelas cartas eu já havia dado novo significado a tudo. Percebi que de todos os envolvidos a pessoa que eu mais odiava era eu mesma, a mais difícil de perdoar. Percebi que precisava mesmo era me perdoar, deixar de me punir.

– Então, é hora de fazer uma carta para Fernanda. Que acha?

– Eu já fiz – disse Fernanda com ar de contentamento, como quem se antecipa à lição pedida pelo professor e espera, por isso, reconhecimento.

– Sério?

Aquele gesto representava o fim de um ciclo e o início da autonomia e da autodeterminação.

– Posso ler pra você?

– Claro que sim! Que maravilha. Sua atitude em escrever me faz crer que será sua carta de alforria.

*Carta para Fernanda*

*Caríssima Fernanda, hoje eu te escrevo para fazer a coisa mais difícil que já fiz: perdoar você.*

*Perdoo-te por não ter conseguido respostas para as muitas perguntas que você se fez a vida toda: Por que não disse a ninguém? Por que não gritou? Por que não disse não? Por que não o matou? Por que desejou outras vezes? Por que Deus não fez nada? Por que ninguém notou seu desespero? Por que sua mãe se recusou a ouvir seus sinais de socorro? O que você fez para merecer isso? Enfim, por todas as perguntas que por não terem respostas viraram um transtorno a mais na sua vida.*

*Eu perdoo você por ter alimentado sonhos de uma vida melhor e, na sua inocência, ter acreditado em alguém que fez a promessa de realizar seu sonho, mas transformou sua vida num pesadelo duradouro e destruidor.*

*Eu te perdoo pela excitação que você sentiu naqueles momentos, que só no futuro poderia ser compreendido, pois você não sabia o que era sexo e intimidade, embora dentro de você algo dissesse que aquilo estava errado.*

*Eu perdoo você por ter sido infeliz até aqui, afinal a experiência que você passou alterou muito a visão que você tinha do mundo, das pessoas e de você mesma, não só pelo trauma em si, mas porque você perdeu sua inocência e com ela achou que havia perdido também sua dignidade.*

*Eu te perdoo pelas muitas vezes que você, quase explodindo de tanta angústia, pensou em compartilhar com sua família o que havia ocorrido, mas pensou que seria chamada de louca e mentirosa, acusada de ser incapaz de interpretar gestos 'inofensivos' de seu tio sempre tão carinhoso.*

*Perdoo-te pelas muitas vezes que você desejou vingança e que tudo de ruim acontecesse com ele. Pelas muitas vezes que você desejou que ele fizesse isso com as próprias filhas, para quem sabe assim finalmente ele fosse desmascarado.*

*Meu perdão a você deve-se ao fato de que, a partir daqueles dias, você carregou o pesado fardo da vergonha, como se tudo que aconteceu naquele quarto estivesse escrito na sua testa. E, embora só você soubesse, havia forte sensação de que estava tão exposta como Hester Prynne, em 'A Letra Escarlate'. Essa sensação de exposição dolorosa fez com que você se sentisse profundamente diminuída, uma verdadeira aberração ambulante, uma espécie de walking dead.*

*Perdoo-te por ser a grande acusadora de você mesma pelo fato de não ter interrompido o abuso no primeiro ato, pois você não tinha como fazer isso. Por esse motivo também te perdoo por sentir-se fraca, completamente imperfeita e menor do que qualquer pessoa. Perdoo-te por, até aqui, ter escorregado pelas sombras para sobreviver, como um aborto que insistia em nascer.*

*Eu te perdoo pelas muitas vezes que você se esforçou para não ficar presa ao seu passado, mas não conseguiu, diante das cenas grotescas às quais foi submetida quando criança, e que te assombravam numa repetição torturante, qual um disco arranhado que não te deixava dormir, sonhar, viver e amar.*

*Por isso, também, te perdoo por deixar que um evento ocorrido num passado longínquo, por mais doloroso que tenha sido, tenha tornado insuportável seu presente e quase destruído o seu futuro, pois o que te motivou a fazer isso, ao contrário do que você imaginava, não foi o ódio que sentia, mas a culpa. E é por isso que eu também te perdoo pelo desejo incompreendido que você sentiu e que lhe fez sabotar sua vida, como forma de se punir pela culpa que você supunha ter.*

*Eu te perdoo por essa vergonha íntima ter te definido até aqui, impossibilitando você de expressar todo o potencial latente de sua alma.*

*Eu te perdoo pelas muitas vezes que você culpou Deus por tudo que houve. Por ter achado que Ele gostava dos abusadores, já que a vida deles continuava sem problemas, enquanto a vida da vítima ficava destruída. Perdoo-te por, durante muito tempo, achar que não era boa o suficiente para Deus ter misericórdia de você.*

*Eu te perdoo pelo ódio que você cultivou por sua mãe durante todo esse tempo. Hoje você consegue perceber que ela não tinha capacidade nenhuma de lidar com o fato, nem mesmo de aguentar as consequências familiares das repercussões que viriam de uma acusação ao seu tio.*

*Perdoo você pelo tempo que você se negligenciou, se criticou, se destruiu, se desamou.*

*Eu te perdoo pelas pessoas maravilhosas que você afugentou de sua vida, por ser incapaz de mergulhar na intimidade dos relacionamentos, pois se achava suja e imunda, acreditando piamente que não merecia ser amada por ninguém, afinal você também não se amava.*

*Tudo que eu desejo para você é que siga em paz. Que seja a mãe que você sonha ser, pois será uma ótima oportunidade de ter uma segunda chance, de criar sua família com a abertura, a confiança e o amor que lhe faltaram.*

*Eu não tenho mais vergonha de você... Mesmo a pessoa mais devastada pode se erguer e seguir, por isso eu te acolho e te compreendo. Eu te coloco no colo para finalmente ser consolada. Eu conscientemente, decididamente, amorosamente te perdoo...*

Aleshyn_Andrei | Shutterstock

# Conclusão

> *Perdão exige paciência, pois 'o tempo não respeita as edificações que não ajudou a fazer.'*
>
> EMMANUEL

* * *

A primeira coisa que queria dizer para você que acabou de ler este livro é: não tenha pressa em mudar sua vida, pois cada ser humano tem seu processo e seu tempo, e tudo que é feito antes do tempo não tem consistência.

Sim, eu poderia escrever aqui receitas e técnicas para, temporariamente, você e eu fazermos de conta que truques funcionam, mas prefiro pagar o preço de afirmar que isso é uma ilusão.

Este livro não é uma receita de bolo que você pode replicar em sua vida, no seu casamento, no seu luto ou na sua dor, pois uma das coisas que aprendi como terapeuta é o quanto somos únicos.

Para uns, saber disso sufoca e desalenta. Para outros, liberta e dá esperança. Mas a verdade é que, num primeiro momento, tudo que queremos é uma receita, e de preferência que seja como antibiótico, que faça efeito em sete dias. Porém, a vida se assemelha mais aos processos da homeopatia do que aos processos da alopatia.

E na homeopatia é assim: um remédio para cada pessoa; e, em vez de combater a doença, usa-se ela, os sintomas e características da própria doença como evento de cura. Isso porque cada pessoa é única na forma de reagir à vida ou às doenças. Por isso mesmo, a cura tem a ver com nossa personalidade e atributos exclusivos e individuais. É por esta razão que nossos medos e fragilidades devem ser acolhidos e não combatidos. Não devemos exorcizar o passado, mas acolher a criança que em nós ainda chora, e levantá-la para viver um novo tempo.

Samuel Hahnemann, em seu livro *Organon da arte de curar*, nos apresenta um conceito fantástico, segundo o qual, quando duas forças dinâmicas muito semelhantes se encontram em um organismo vivo, o mais forte extingue o mais fraco. Para ele, esta seria a lei dos semelhantes na qual cada cura real é baseada.

Poderíamos, por analogia, pensar que o mesmo pode ocorrer na psique humana? Que trazer à tona eventos escondidos, negados, reprimidos e inconscientes teriam o potencial de gerar a libertação do sintoma? Acredito que sim, pois quando um ser humano tem empatia profunda com suas próprias deficiências, inconsistências e medos, ele termina por sentir profunda compaixão por si mesmo, e desse modo não nega e nem manipula seus sentimentos, saindo da postura de se justificar ou se defender. Assim, acolher nossas sombras, paradoxalmente, atenua o poder que elas tinham até então, produzindo, como consequência, a cura.

Enquanto não ouvimos a nossa dor, ela age como uma criança que não recebe atenção dos pais. Enquanto não é escutada, ela chora e grita, e se ainda persistir a desatenção dos pais, ela é capaz de se ferir só para ser vista e ouvida. Assim acontece com nossas crianças interiores que nos solicitam um abraço acolhedor e compreensivo, para que possamos atenuar sua dor.

Ouvir e acolher a si mesmo, sem julgamentos e com aceitação, integrando as sombras da alma à personalidade, não é relativismo moral ou ressignificação paralisante. Ao contrário, é o vivenciar pleno do sentimento de "amor a si mesmo" – amar-se como se é e não do jeito que gostaria de ser.

Ao longo da leitura, você pode ter se identificado com uma ou mais histórias, mas quero ressaltar que elas retratam a quebra de processos longos e dolorosos dos personagens. Cada um deles, a seu modo, alcançou a culminância de processos libertadores.

Você, a seu tempo e do seu modo, encontrará seu caminho. Iniciará o seu processo e alcançará sua resposta, e sei disso pelo simples fato de que comigo também é assim.

Sou terapeuta, ou seja, um humano que dialoga e procura ajudar humanos com toda humanidade de que sou possuidor.

Por isso, não termine este livro fazendo uma lista do tipo #partiumudançadevida. Faça um silêncio para digerir e depois ressignificar sua própria jornada.

Esse silêncio não é uma proposta de omissão. Talvez você nunca tenha tido um diálogo interno apropriado sobre os problemas que você enfrentou e ainda enfrenta. Talvez você tenha preferido "seguir em frente", mas existem porções nossas que não podem ser caladas. Elas querem ser ouvidas, compreendidas para ser transformadas, cada uma a seu tempo.

Eu já me puni muito pelas mudanças que não realizava em mim, até descobrir que a primeira mudança deveria ser respeitar a mim mesmo, pois somente um passo de cada vez, de fato, é que possibilita a caminhada. Isso era tão frequente em mim que, para cada dia ruim, de muitos erros, passava uma semana me punindo. Depois, apenas sobravam dois dias com energia para realizar alguma mudança.

Hoje, não vejo minhas sombras de forma maniqueísta, como erros a serem extirpados ou contidos como uma represa que sempre rompe. Os vejo como partes de mim que querem ser ouvidas, minhas crianças interiores que solicitam atenção, orientação e apoio. Por isso, hoje, eu vivo mais tempo buscando realizar em mim do que me punindo. Acolhendo-me mais e me criticando menos.

Mesmo esse meu relato pode ter servido só para mim, não necessariamente para você. Portanto, siga seu roteiro original e saiba que você vai errar muito, mas muito mesmo. Mas se sorrir ao final de cada gafe, de cada erro, de cada bola fora, terá finalmente compreendido que a vida nos convida à misericórdia para conosco mesmos, o tempo todo. Por isso eu decidi fazer as pazes comigo. Afinal, no jogo da vida, não existe "bola fora", existe apenas a bola que soubemos jogar naquele momento, naquela partida, naquele lance, e não posso passar o resto da vida me punindo por um lance, por uma "bola fora". Quando finalmente aceito o jogo, posso construir nova estratégia, que só foi possível pelos aprendizados vindos dos erros anteriores. Por isso, tenho que ser grato pelo processo todo, pois os acertos são filhos dos erros que cometi.

Se você ainda não começou mudanças significativas, pode estar se lamentando pelo tempo que julga ter desperdiçado. Mas saiba que você não desperdiçou nada: foi o tempo necessário para o seu processo.

O seu processo, o seu tempo, do seu modo, do seu jeito, essa insistência na autoria pessoal de sua vida é para dizer: não se compare com ninguém, isso só traz dor e ressentimento.

Se aceite, não queira controlar todas as suas emoções e pensamentos. Tentar controlar o incontrolável torna a vida de muitas pessoas infernal. Afinal, não são nossos pensamentos ou emoções que nos levam a um estado de sofrimento. O grande sofrimento vem da luta incessante e infrutífera de nos livrar deles: precisamos aceitá-los.

Se você estiver aberto a se perceber e a se aceitar, inclusive com seus pensamentos e emoções mais dolorosos, não haverá mais luta. A aceitação deles lhe permitirá ouvir o que eles têm a dizer, os pontos que eles querem lhe fazer conhecer, para você transformar.

Se você reavaliar as histórias que leu neste livro, irá perceber que a mudança aconteceu quando cada um acolheu a sua sombra, a sua dor, a sua angústia, a sua ambição, sem mais negá-las. Fica então uma pergunta: O que nos motiva a passar tanto tempo tentando corrigir, suprimir e lutar contra esses sentimentos? Queremos ser infalíveis e isso tem um enorme peso emocional.

Para tentar alcançar essa ilusão de controle, vamos a palestras, lemos livros, frases postadas em redes sociais, tomamos remédios, fazemos macumba, ou seja, qualquer coisa que nos alimente a ilusão de aliviar a angústia de nossos limites. Quando, na verdade, somente a aceitação de quem somos integralmente nos pacifica, nos acalma, nos completa, pois só mudo o que plenamente aceito e acolho em mim.

Um grande exemplo disso são os personagens dos Evangelhos. São todos seres humanos limitados, mas cujas deficiências assumidas e aceitas foram utilizadas como virtudes. Até o último momento, a didática do Cristo fez emergir a sombra de cada um, para que cada um realizasse em si a aceitação e a mudança.

Pedro precisou negar seu Mestre, sentir culpa dilacerante para depois aceitar seu medo, pois somente assim poderia ele, dotado de toda sua humanidade, ser capaz de acolher os falidos morais que lhe buscariam. Somente um homem caído nas armadilhas de seus próprios medos poderia ser capaz de levantar os caídos do caminho. Afinal, somente um homem com as fraquezas de Pedro poderia se transformar na rocha, na pedra basilar de uma nova proposta para a alma humana.

Por isso, insisto mais uma vez: tenha paciência sim, mas mantenha o foco sempre em seu processo de "conheça-te a ti mesmo"! Construa sua cura e acolha sua dor. O máximo que poderá acontecer com você após essas três etapas é, finalmente, e sem fantasias, ser pleno e feliz...

POR ISSO...

Para receber informações sobre nossos lançamentos, títulos e autores, bem como enviar seus comentários, utilize nossas mídias:

🌐 letramaiseditora.com.br
✉ comercial2@letramais.com
▶ youtube.com/@letramais
📷 instagram.com/letramais
f facebook.com/letramaiseditora

🌐 rossandro.com
▶ rossandroklinjey
📷 rossandroklinjey
f rossandro.klinjey

Esta edição foi impressa pela Lis Gráfica e Editora no formato 160 x 230mm. Os papéis utilizados foram o Hylte Pocket Creamy 60g/m² para o miolo e Cartão Ningbo Fold 250g/m² para a capa. O texto principal foi composto com a fonte Sabon LT Std 12,5/18 e os títulos em Sabon LT Std 40/46.